中华精神家园

山水灵性

佛教名山

佛教名山的文化流芳

肖东发 主编　石　静 编著

中国出版集团

现代出版社

图书在版编目（CIP）数据

佛教名山 / 石静编著. — 北京：现代出版社，
2014.7（2021.7重印）

ISBN 978-7-5143-2345-0

Ⅰ. ①佛… Ⅱ. ①石… Ⅲ. ①山—介绍—中国②佛教
—宗教文化—介绍—中国 Ⅳ. ①K928.3②B949.2

中国版本图书馆CIP数据核字（2014）第163513号

佛教名山：佛教名山的文化流芳

主　　编：肖东发
作　　者：石　静
责任编辑：王敬一
出版发行：现代出版社
通信地址：北京市定安门外安华里504号
邮政编码：100011
电　　话：010-64267325 64245264（传真）
网　　址：www.1980xd.com
电子邮箱：xiandai@cnpitc.com.cn
印　　刷：三河市嵩川印刷有限公司
开　　本：710mm×1000mm　1/16
印　　张：11
版　　次：2015年4月第1版　2021年7月第3次印刷
书　　号：ISBN 978-7-5143-2345-0
定　　价：40.00元

　　党的十八大报告指出："文化是民族的血脉，是人民的精神家园。全面建成小康社会，实现中华民族伟大复兴，必须推动社会主义文化大发展大繁荣，兴起社会主义文化建设新高潮，提高国家文化软实力，发挥文化引领风尚、教育人民、服务社会、推动发展的作用。"

　　我国经过改革开放的历程，推进了民族振兴、国家富强、人民幸福的中国梦，推进了伟大复兴的历史进程。文化是立国之根，实现中国梦也是我国文化实现伟大复兴的过程，并最终体现为文化的发展繁荣。习近平指出，博大精深的中国优秀传统文化是我们在世界文化激荡中站稳脚跟的根基。中华文化源远流长，积淀着中华民族最深层的精神追求，代表着中华民族独特的精神标识，为中华民族生生不息、发展壮大提供了丰厚滋养。我们要认识中华文化的独特创造、价值理念、鲜明特色，增强文化自信和价值自信。

　　如今，我们正处在改革开放攻坚和经济发展的转型时期，面对世界各国形形色色的文化现象，面对各种眼花缭乱的现代传媒，我们要坚持文化自信，古为今用、洋为中用、推陈出新，有鉴别地加以对待，有扬弃地予以继承，传承和升华中华优秀传统文化，发展中国特色社会主义文化，增强国家文化软实力。

　　浩浩历史长河，熊熊文明薪火，中华文化源远流长，滚滚黄河、滔滔长江，是最直接的源头，这两大文化浪涛经过千百年冲刷洗礼和不断交流、融合以及沉淀，最终形成了求同存异、兼收并蓄的辉煌灿烂的中华文明，也是世界上唯一绵延不绝而从没中断的古老文化，并始终充满了生机与活力。

　　中华文化曾是东方文化摇篮，也是推动世界文明不断前行的动力之一。早在500年前，中华文化的四大发明催生了欧洲文艺复兴运动和地理大发现。中国四大发明先后传到西方，对于促进西方工业社会的形成和发展，曾起到了重要作用。

中华文化的力量，已经深深熔铸到我们的生命力、创造力和凝聚力中，是我们民族的基因。中华民族的精神，也已深深植根于绵延数千年的优秀文化传统之中，是我们的精神家园。

总之，中华文化博大精深，是中国各族人民五千年来创造、传承下来的物质文明和精神文明的总和，其内容包罗万象，浩若星汉，具有很强的文化纵深，蕴含丰富宝藏。我们要实现中华文化伟大复兴，首先要站在传统文化前沿，薪火相传，一脉相承，弘扬和发展五千年来优秀的、光明的、先进的、科学的、文明的和自豪的文化现象，融合古今中外一切文化精华，构建具有中国特色的现代民族文化，向世界和未来展示中华民族的文化力量、文化价值、文化形态与文化风采。

为此，在有关专家指导下，我们收集整理了大量古今资料和最新研究成果，特别编撰了本套大型书系。主要包括独具特色的语言文字、浩如烟海的文化典籍、名扬世界的科技工艺、异彩纷呈的文学艺术、充满智慧的中国哲学、完备而深刻的伦理道德、古风古韵的建筑遗存、深具内涵的自然名胜、悠久传承的历史文明，还有各具特色又相互交融的地域文化和民族文化等，充分显示了中华民族的厚重文化底蕴和强大民族凝聚力，具有极强的系统性、广博性和规模性。

本套书系的特点是全景展现，纵横捭阖，内容采取讲故事的方式进行叙述，语言通俗，明白晓畅，图文并茂，形象直观，古风古韵，格调高雅，具有很强的可读性、欣赏性、知识性和延伸性，能够让广大读者全面接触和感受中国文化的丰富内涵，增强中华儿女民族自尊心和文化自豪感，并能很好继承和弘扬中国文化，创造未来中国特色的先进民族文化。

2014年4月18日

普贤道场——四川峨眉山

地藏道场——安徽九华山

山西五台山

五台山位于山西东北部，与浙江普陀山、安徽九华山、四川峨眉山共称"中国佛教四大名山"，并居于四大佛教名山之首，被称为"金五台"。为文殊菩萨的道场，也是我国唯一汉传佛教寺庙和藏传佛教寺庙交相辉映的佛教道场，汉蒙藏等民族在此和谐共处。

五台山并非一座山，它由东台望海峰、南台锦绣峰、中台翠岩峰、西台挂月峰、北台叶斗峰等5座山峰组成，它们环抱整片区域，山顶平坦宽阔，犹如垒土之台，故而得名"五台"，素有"华北屋脊"之称。

佛教的传入和灵鹫寺

在山西东北部，有一座紫府山，也称"五峰山道场"，是道家的修炼场所。

传说文殊菩萨第一次来到我国的时候，就居住在玄真观内石盆洞

■ 五台山全貌

中。当时五峰山气候异常恶劣，常年酷暑，当地百姓苦不堪言。

五台山万佛阁

这一年，文殊菩萨再一次来到这里讲经说法，他见到黎民百姓的疾苦，深表同情，于是发大愿要将百姓拯救出苦海。

于是，文殊菩萨装扮成一个化缘的和尚，不远万里到东海龙王那里寻求帮助。他在龙宫门口发现了一块能散发凉风的巨大青石，于是就背起青石回到了五峰山。

这块大青石就是东海龙王的歇龙宝石。文殊菩萨把这块青石放置在五峰山的一道山谷里，一刹那间，山谷变成了草丰水美、清凉无比的天然牧场。

此后，人们就把这个山谷叫作"清凉谷"，并在山谷里建了一座寺院，将清凉石圈在院内。为此，五峰山又名"清凉山"。

清凉山的5座主峰，分别称为望海峰、叶斗峰、挂月峰、锦绣峰和翠岩峰。望海峰又称"东台"，台

道家 我国古代主要思想流派之一，是后世道教理论的重要思想基础。代表人物有老子、庄子、慎到、杨朱等。道家以道、无、自然、天性为核心理念，认为天道无为、道法自然，据此提出无为而治、知雄守雌、以柔克刚等政治、军事策略，对我国乃至世界的思想和文化都产生了深刻的影响。

■ 五台山南山寺

刘庄（28年—75年），即汉明帝，是刘秀的儿子，庙号显宗。明帝即位后，一切遵奉光武制度。明帝以及随后的章帝在位期间，史称"明章之治"。明帝热心提倡儒学，注重刑名文法，为政苛察，总揽权柄，权不借下。其间，实行休养生息的政策，提倡儒学，致力于消除北匈奴的威胁，在位期间吏治比较清明，边境安定。

顶面积是5座主峰中最小的，仅70000平方米，如鳌鱼脊一般，据说在此可以远眺东海日出，所以称为东台。

挂月峰又称"西台"，台顶面积约有28万平方米，周围群山拱围，岩石幽深，每逢皓月当空，只见银光泻地，层峰朦胧，万籁俱寂，俨若悬镜，故取名为挂月峰。

锦绣峰又称"南台"，台顶面积约14万平方米。山峰耸峭，烟光凝翠，繁花似锦，千峦密布，五彩缤纷，因之取名为锦绣峰。每年的农历四月，北面四台还是冰天雪地，而南台的山腰处却是百花怒放。

叶斗峰又称"北台"，是清凉山五峰中的最高峰，台顶面积约37万平方米，顶天立地。此台特点是台高、风猛、雷激。

翠石峰又称"中台"，台顶面积约15万平方米。

与四台相比，中台的主要特点是水景。

在中台台顶有一巨石，立如奔马，卧似喘牛，长有斑斑苔藓，在阳光照射下，丹碧生辉，故取名为翠岩峰。翠岩峰的西北面有太华池，北有甘露泉，东南有玉龙池，池旁还有三棵泉，是清凉山南北五溪流水的发源地。

公元64年，东汉明帝刘庄做了一个梦，梦见一位神仙，周身被金光环绕，轻盈地从远方飞来，降落在御殿前。

第二天一早上朝，汉明帝就把自己的这个梦告诉了群臣，并询问是何方神圣。太史傅毅博学多才，他告诉汉明帝说，听说西方天竺有位得道的神，号称"佛"，能够飞身于虚幻中，并全身绽放着光芒，君王您梦见的大概是佛吧！

于是明帝派使者羽林郎中秦景、博士弟子王遵等13人去西域访求佛道。

当时，使者遇见了正要前往中原的印度僧摄摩腾和竺法兰，于是相随而归，并于公元67年抵达洛阳。汉明帝下令在洛阳城西雍门外御

五台山寺庙牌坊

佛教名山的文化流芳

五台山显通寺的钟楼

道士　对信奉道教教义并修习道术教徒的通称。《太霄琅书经》称："人行大道，号为道士。""身心顺理，唯道是从，从道为事，故称道士。"道士之名源于战国，也称方术之士，习惯上将男的称为道士、黄冠；女的称为女冠、女真。

道之南，建造一座僧院以供这两位印度高僧居住，同时为了纪念白马负经输像的功劳，就将寺名定为"白马寺"。

这一年，迦叶摩腾和竺法兰从洛阳来到清凉山宣扬佛法，两人惊奇地发现这里竟然有佛存在的痕迹，还发现了释迦牟尼佛的舍利。

而且清凉山山势奇伟，气象非凡，和印度的灵鹫山，也就是释迦牟尼佛修行的地方非常相似。于是，两位高僧立即决定就在这里建立寺庙，供奉佛祖。

但是，这个决定却遭到这里道士们的强烈反对。

后来，汉明帝在洛阳白马寺举行道士与高僧的赛法，结果两位高僧获胜，取得了在清凉山一带建筑佛教寺院的权利。

寺院落成后，命名为"灵鹫寺"。汉明帝刘庄为了表示自己对佛教的重视，就加"大孚"两字，因而寺院的全名为"大孚灵鹫寺"，也就是后来显通寺最初的规模。从这个时候开始，清凉山成为我国佛教的中心，大孚灵鹫寺和洛阳白马寺同为我国最早的寺院。

后来，历代都对大孚灵鹫寺进行修葺，北魏孝文帝时期对大孚灵鹫寺进行修葺后更名为"花园寺"；唐太宗时名为"华严寺"；明太祖朱元璋重修后赐额"大显通寺"，形成后来的规模。

显通寺占地80000平方米，各种建筑400余间，中轴线殿宇有7座，由南至北依次为观音殿、文殊殿、大佛殿、无量殿、千钵殿、铜殿和藏经殿。这些殿宇造型各异，独具特色。

在悬挂"大显通寺"匾额的山门外两侧，各有一通石碑，石碑上模仿龙形和虎形，写有"龙虎"两个大字。寺庙中用龙虎把守大门，甚为奇特。

观音殿又名"南殿"，殿内供奉的是观音菩萨像，左右两边陪祭的是文殊菩萨和普贤菩萨像，所以又称"三大主殿"。殿内两侧放满了经架，架上有各种经书，所以又称"藏经殿"。过去曾将救助水陆众

■ 五台山大显通寺

大文殊殿

佛相非空非方随缘以涅盘

淄质虽去真亲住寂光而不动

■ 显通寺大文殊殿

佛教名山的文化流芳

生的大法会水陆道场设在这里，所以又叫"水陆殿"。

文殊殿是显通寺的第二重大殿，殿前有两座碑亭，亭内立有两通汉白玉的石碑，石碑高不足3米，宽不足1米，一通是"有字碑"，就是后来康熙皇帝的御笔；一通碑上没有任何字迹，人们称作"无字碑"。

相传这两个碑亭所在的地方原是两个圆形的水池，池里的水清澈如镜。

有一年，康熙皇帝朝台，巡游显通寺，来到文殊殿前。他抬头一望，只见绚烂的菩萨顶端端正正坐落在灵鹫峰下，好像一条英武的龙，昂着头高卧在那里。

这座牌楼正是龙头，两根幡杆正是龙角，108级台阶从牌楼上延伸下来，正是龙吐出了舌头。康熙越看越像，也越看越怕：这不就是出真龙天子的地方吗？难道我大清的江山要让别人夺去吗？于是，他就想找些理由来证实这不是一条龙，或者是一条死龙，那他可就放心了。

当时的住持和尚在皇帝身边接驾，听到皇帝在念叨菩萨顶，便凑上去说："启奏万岁，那灵鹫峰是一条龙，菩萨顶的牌楼，正好在龙头上。"

康熙最怕说的话就这样被住持说了出来，康熙皇帝不露神色，仔仔细细看了菩萨顶一会儿，像是发现了什么奥秘一样掉转头对住持说："灵鹫峰是条龙，但不是条活龙，你看，它没有眼睛。"

本来，康熙帝是想让住持接住他的话茬，也说一句"这条龙没有眼睛"。

可住持没有领会到皇帝的本意，只是一心想把自己所知道的统统告诉皇上："我主有所不知，这龙是有眼睛的。每日午间时分，太阳照到这两个池上，那菩萨顶的木牌楼两侧就会出现两个圆形的光环。"

这一来，康熙再也忍不住，发了雷霆，"龙长了眼睛，不会飞走吗？龙飞走了，那五台山的灵气还会有吗？这两个水池，你给我填平，上面再立两通石碑压住！"

住持吓坏了，立即命人填平了水池，并立起了石碑。

住持请康熙写碑文，康熙忘了有两通石碑，就欣然写了一篇，住持无奈，只好请工匠把碑文拓刻在左边那

大文殊殿前的碑亭

五台山佛像

磬 古代石制的一种打击乐器。甲骨文中磬字左半像悬石，右半像手执槌敲击。磬起源于某种片状石制劳动工具，其形在后来有多种变化，质地也从原始石制进一步有了玉制、铜制的磬。是我国古代石质打击乐器，为"八音"中的"石"音。

石碑上，右边则空了下来。

文殊殿殿内供奉着7尊文殊菩萨像：正中的为大智文殊菩萨，前面的5位从左至右依次为西台狮子文殊菩萨、南台智慧文殊菩萨、中台孺者文殊菩萨、北台无垢文殊菩萨和东台聪明文殊菩萨，大智文殊菩萨后面是甘露文殊菩萨。

这些文殊菩萨像前有护法神韦驮像，两侧罗列着十八罗汉像。

大雄宝殿是显通寺的第三重大殿，也是举办盛大佛事活动的场所。殿内正前方的横梁上高悬康熙御笔题写的"真如权应"木匾，下面条幅横悬，两旁锦幡垂挂。

殿台上供着三世佛像，中间的是释迦牟尼佛，西为阿弥陀佛，东为药师佛，两旁有十八罗汉像，背后有观音、文殊、普贤3尊菩萨像。

　　佛像前的地面十分宽敞，经案上佛灯高照，宝鼎焚香，摆着各色供果，敬有美丽鲜花。东面的经案头，还摆着鼓、磬、铛、木鱼等佛家乐器。不仅本寺僧人在这座殿内做早晚功课，每逢大的佛事活动日，各寺庙的僧尼都要身披袈裟，汇集到这里举行礼佛仪式。

　　中轴线上的第四座殿堂为纯砖结构的无量殿，面宽7间，进深4间，总高20多米，因殿内供有大光明无量佛，也就是毗卢佛大铜像，所以取佛法无量之意，命名为"无量殿"。又因为整个殿堂全部用青砖砌垒雕刻而成，俗称"无梁殿"。

　　无量殿不仅规模宏大、结构严谨，而且雕刻精湛，是五台山砖结构建筑的杰出代表。无量殿正面每层有7个拱洞门，檐下用砖雕刻成斗拱椽飞等构件。

斗拱 我国建筑特有的一种结构，斗拱是在柱子的上部、屋檐之下用若干方形的小斗和若干弓形拱层纵横穿插装配的组合构建。斗拱既有结构上的作用，用以承托伸出的屋檐，将屋顶的重量直接或间接转移到木柱上；同时还具有装饰作用。斗拱是我国建筑学会的会徽。

011

佛教名山

山西五台山

■ 显通寺的无量殿

■ 显通寺文殊殿古
建筑

中部3件为枕头券，两边厢为横向竖券，左右山墙为拱脚，各间之间用券拱式门洞相连，顶部为穹隆顶，上部有藻井镂刻。

千钵文殊殿是中轴线上的第五座殿堂，殿中供奉着千钵文殊铜象。这尊铜像造型奇特，上叠5个头像，胸前有手6只。

其中的两只捧着一个金钵，钵内坐着释迦牟尼佛，背后向四周伸出1000只手，每只手上都有一个金钵，每个钵内都有一尊释迦牟尼佛。所以，这尊铜像又被叫作"千臂千钵释迦文殊像"。

中轴线上的第六座殿堂是铜殿，是用50000千克铜铸成的。殿外观看似为两层，实则为一层，内为一室，四角四柱，柱础鼓形。

殿身上层四面雕隔扇6页，下面置隔扇8扇，殿内四壁上铸有小佛万尊，金光闪闪，灼灼照人，号称

二龙戏珠 即两条龙相对戏玩着一颗宝珠。龙珠就是龙卵；龙戏珠，也就是龙在戏"卵"，体现的是龙这种神物对生命的呵护、爱抚和尊重。传达着古人的"生命意识"，即对传承不息这种生命现象的认识、理解和发挥。

"万佛"。室内中央供奉着一尊高为一米的巨大铜像。

铜殿的每页隔扇都是由一个省布施铸造而成，其文诗之美、工艺之精让人惊叹。铜殿柱、额、枋和隔扇上下都铸有各种彩画图案和花卉鸟兽，如"玉兔拜月"、"丹凤朝阳"、"二龙戏珠"等，非常精致。

据《清凉山志》记载，铜殿是由后来明朝时期清凉山的高僧妙峰法师集全国13个省布施而建造的。妙峰法师曾铸3座铜殿，一在南京，一在峨眉，一在清凉山，前两座铜殿已经被毁，只留下显通寺的这座，十分珍贵。

这座铜殿造型优美，结构完整，图案生动，充分显示了我国古代高超的铸造技艺。铜殿前原有铜塔5座，暗含清凉山五台之意，后仅保留下两座，均为8面13层，显得玲珑秀丽，引人注目。

铜殿的华严经字塔陈列在藏经楼内，是用蝇头小楷字组成的。在黄绫和白绫上写有60多万字，囊括了《华严经》80卷。华严经字塔是由后来清朝康熙年间的许德心用4年时间设计，历时8年时间完成的作品，确实珍贵。

藏经楼内，收藏了各种各样的文物，有北魏时期铜铸的旃檀佛像，有北宋开宝年间刊刻的雷峰塔藏经，有明代人绘制在菩提树叶上的十八罗汉像，

显通寺镀金铜塔

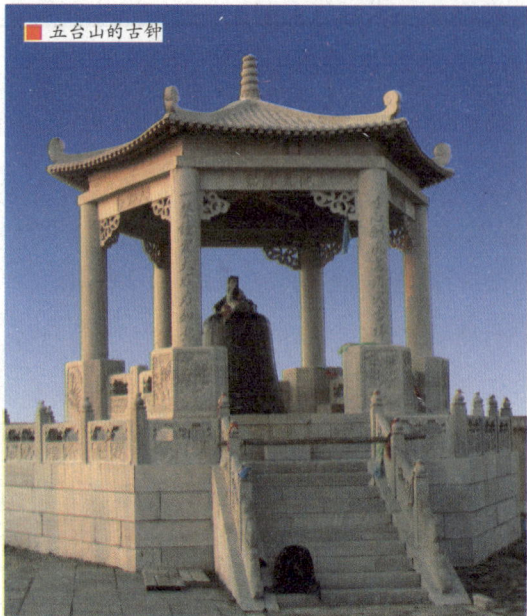
五台山的古钟

有杨五郎使用过的40多千克重的兵器铁棍等。

特别值得一提的是，藏经楼内还有一口重达九千九百九十九斤半的大铜钟，这口大铜钟原先悬挂在显通寺的钟楼内，名叫"幽冥钟"。

幽冥钟的外部铸有楷书佛经一部，共1万余字。因为敲击时钟声绵长，传播深远，所以人们又把此钟叫作"长鸣钟"，也称为"长命钟"。显通钟声，历来都是梵宇佛国的一个标志，一直被人们所津津乐道。

阅读链接

藏经楼内的大铜钟相传铸于明朝万历年间，钟身高8尺，钟口边缘呈莲花瓣形状，重九千九百九十九斤半。但是为什么不加铸半斤使之成为一万斤呢？

原来，自秦汉以后，臣子朝见国君，拜恩庆贺，常常呼喊"万岁"，并逐渐发展成为一种礼节。

为了表示对皇帝的尊敬，"万岁"便成为帝王的代称，用来表明皇帝拥有的权力是上天所赋予的，至高无上。除了皇帝，谁也不敢将自己与"万岁"联系起来。当铸造大铜钟的时候，为了避讳皇帝"万岁"的"万"字，就少铸了半斤，将铜钟铸造成了九千九百九十九斤半。

清凉山佛教的极盛时期

　　随后，佛教在清凉山不断发展，至南北朝时期，佛教在清凉山的发展进入到第一个高潮期。北魏孝文帝继位之初就崇佛敬僧。

　　《古清凉传》记载他曾到清凉山避暑，游行于中台，上置"小石

■ 五台山的"清凉妙高处"

■ 五台山南山寺

佛教名山

佛教名山的文化流芳

浮图"，并建清凉寺，还在清凉山"射箭畎略"，建造佛光寺，随后又建造大孚图寺，并环绕灵鹫峰置十二院。

后来，孝文帝还让自己的第四个女儿诚信公主出家在清凉山，并置公主寺。于是，清凉山佛教开始兴盛起来。据记载，当时的清凉山已经建有数十座寺院。

公主寺在建成之后，一度毁于战火，保留下来的为后来的唐朝时期所建。相传唐朝有一个尼姑来到清凉山修行，在公主寺的遗址下掘得尺璧，就进献给了当朝的皇帝，于是皇帝下令在此地重建公主寺。

在公主寺的旁边还有一座小寺叫"驸马庙"，民间传说是诚信公主的丈夫出家修行处。公主寺占地4000平方米，中轴线有三进院子。

过殿面阔、进深各3间，殿内正中塑有释迦牟尼坐像，左右是大梵天王和帝释天王，背后是观音菩萨像。殿之四周塑文殊、普贤菩萨及十八罗汉像。塑像上方皆为悬塑，有山水人物，亭台楼榭，形态逼真，色彩鲜明。

大雄殿内设有佛坛，坛上塑释迦牟尼、药师、阿弥陀佛，释迦牟尼佛像前是迦叶、阿难两尊者，塑艺精美绝伦。

殿四壁皆为精美绝伦的画像壁画，以卢舍那佛和弥勒佛为中心，300多人物面佛而立，大者1米，小者0.6米，内容丰富，绘艺甚佳。穿过左边的垂花门，是一棵苍天古树，北面是一座圣母庙，其对面有一细致的戏台，十分难得。

之后，北魏孝文帝对灵鹫寺进行了规模较大的扩建，并在周围兴建了善经院、真容院等12个寺院。清凉山发展成为了文殊道场和研习《华严经》的圣地。学习《华严经》的人们纷纷到五台山礼谒文殊，举行法会，著书释论，出现了灵辩及其弟子道昶、灵源、昙现等一大批华严学者。

菩萨顶位于五台山显通寺北侧灵鹫峰上，是五台山中规模最大的藏传佛教格鲁派寺院。菩萨顶据传为文殊菩萨道场，所以又称为"真容院"、"大文殊寺"。

垂花门 我国古代建筑院落内部的门，因其檐柱不落地，垂吊在屋檐下，称为垂柱，其下有一垂珠，通常彩绘为花瓣的形式，故被称为垂花门。

■ 五台山菩萨顶

五台山菩萨顶庙宇

　　菩萨顶创建于北魏孝文帝年间，历代曾多次重修。后来藏族僧人进驻五台山之后，成为五台山藏传佛教寺院之首。菩萨顶全寺顺山就势修筑殿宇，寺前有石阶108级，布局十分严谨。

　　历代都非常重视对菩萨顶的修葺和扩建，逐渐形成后来的规模。北宋时期对寺院重修，并铸铜质文殊像1万尊供奉在寺内。南宋时改建，并将此寺易名为"大文殊寺"。

　　1402年，始有菩萨顶的称谓。1573年至1620年间当权者再一次对该寺进行了重修。至清代，由于满族崇信藏传佛教，于是在1660年，将菩萨顶由汉传佛教改为藏传佛教，并从京城派去寺院住持。

　　清康熙年间，又敕令重修菩萨顶，并向该寺授"番汉提督印"。从此，按照清王朝的规定，菩萨顶的主要殿宇铺上了表示尊贵的黄色琉璃瓦，山门前的牌楼也修成了四柱七楼的形式。这在五台山是绝无仅有的，在全国范围内也不多见。

　　自此以后，菩萨顶成了清朝皇室的庙宇。菩萨顶山门外水牌楼上的"灵峰胜境"，文殊殿前石碑坊上的"五台圣境"，都是康熙皇帝亲笔题写的。

菩萨顶东禅院内两通高3米，宽1米的四楞碑上，用汉、满、蒙、藏4种文字刻写的碑文，则是乾隆皇帝的御笔，描写他上五台山的感受。书法圆润流畅，结构丰满雄健，是很宝贵的艺术品。

菩萨顶的建筑布局很有特色，而且主要殿宇外观似皇宫，而内部布置却又具有浓烈的藏传佛教韵味。因为菩萨顶在灵鹫峰上，从峰下仰望，菩萨顶前108级陡峭的石阶如悬挂在空中的天梯，上面是梵宫佛国，琼楼玉宇。石阶末端的平台之上立着一座四柱三门的木牌楼。

牌楼之后是山门，山门两边厢房的红墙上，分别开着圆形窗户。有人说这种布局恰似龙头，牌楼的正门是龙口，旗杆是龙角，厢房壁上的圆窗是龙眼，而那长长石阶，则是龙吐出的舌头。并且山门前的大石阶不是一级一级的，而是斜升的大平面，并雕有九龙戏水。九龙翻腾，互相缠绕，活灵活现。

菩萨顶有殿堂僧舍等大小房屋100多间，布局结构紧凑而有变化，且均为后来的康熙皇帝下令建筑的。全寺建筑大体上可以分为前院、中院、后院3个部分。

■ 菩萨顶寺庙香炉

■ 五台山菩萨顶石碑

璎珞 古代用珠玉穿成的装饰品，多用为颈饰。璎珞原为古代印度佛像颈间一种装饰，后来随着佛教一起传入我国，唐代时，被爱美求新的女性所模仿和改进，变成项饰。它形制比较大，在项饰中最显华贵。

中轴线上的主要建筑有山门、天王殿、大雄宝殿、文殊殿等。两旁对称地排列着钟楼、鼓楼、禅院等。全寺建筑的布局不但中心突出，而且壮观恢宏，加之红柱红墙，金色琉璃瓦，更显得金碧辉煌，富贵豪华。

菩萨顶各主要大殿的布置和雕塑，具有浓烈的藏传佛教色彩。面阔7间的大雄宝殿内，后部供着毗卢佛、阿弥陀佛和药师佛，前面则供着藏传佛教格鲁派创始人宗喀巴像。

文殊殿内的文殊像，与一般佛教寺庙内的文殊菩萨像不同，它是按藏传佛教的经典规定制作的，头取旁观势，腰取扭动势，发取散披式，同时身挂璎珞，显得特别活泼、生动。两侧墙壁上，还挂着绘在布上的藏画唐卡。

另外，在大雄宝殿和文殊殿的柱头上，还挂着桃形小匾，上写梵文咒语。这些都是藏传佛教寺庙建筑装饰中所独有的。

值得一提的是，文殊殿还有滴水大殿之称。过去文殊殿有一块檐瓦，无论春夏秋，也无论阴晴雨，总是往下滴水。时间长了，文殊殿前的一处阶石上面成了蜂窝状。什么原因呢？有人说，这是文殊菩萨灵验，广施雨露的缘故。

实际上，这只是建筑上的一种巧妙设计。文殊殿的琉璃瓦上留有小孔，瓦下有储水层，储水层下又有防漏设施。每当雨天，雨水透过琉璃瓦孔而存于储水层内。在阴天或晴天时，储水层中的水便慢慢地从檐瓦滴下。

此外，菩萨顶内还存有许多文物。这些文物中，有几件比较稀奇，而且还有趣闻。

菩萨顶后院正房内存有4口大铜锅。这些铜锅，过去每年"六月大会"和腊月初八各用一次。

六月庙会僧人们过佛教节日，做斋饭，用白面蒸

唐卡 也叫唐嘎、唐喀，指用彩缎装裱后悬挂供奉的宗教卷轴画。唐卡是藏族文化中一种独具特色的绘画艺术形式，题材内容涉及藏族的历史、政治、文化和社会生活等诸多领域，堪称藏民族的百科全书。

■ 五台山大文殊殿

佛教名山的文化流芳

■ 五台山黛螺顶菩
萨像

杨坚 （541年—
604年），隋朝的
开国皇帝，被他
也因此尊为"圣
人可汗"。弘农
郡华阴人，他在
位期间成功地统
一了严重分裂数
百年的我国，开
创了先进的选官
制度，发展文化
经济，使得我国
成为盛世之国。
文帝在位期间，
隋朝开皇年间疆
域辽阔，人口达
到700余万户，是
我国农耕文明的
巅峰时期。

魔王，供"跳神镇魔"用。腊月初八佛成道日，放进
黄米、绿豆、莲子、栗子、红枣、稻米、桃仁、红糖
等，做成八宝粥供佛斋僧。

在菩萨顶前院的西配殿里，还有一尊泥塑文殊菩
萨像，这也是饶有风趣的佛教文物。过去，这尊文殊
菩萨像的右肩上还带着一支箭，据说那还是乾隆皇帝
射上的呢，乾隆皇帝给它的封号"带箭文殊"流传
至今。

至北齐时期，清凉山的佛教迎来了第一个兴盛时
期。北齐文宣帝高洋曾"割八州之税，以供山众衣药
之资"，清凉山上的寺院发展至200多座。

564年，北齐武成帝高湛诏慧藏法师于太极殿讲
《华严经》。次年，改清凉山为五台山，使《华严
经》成为五台山的开山圣典，五台山的华严学派得到
了进一步的发展。当时，在五台山盛传的还有涅槃

学、禅学、律学、净土学等。

隋朝建立之后，隋文帝杨坚大力扶持佛教，下诏在5个台顶各建一座寺庙。即东台望海寺、南台普济寺、西台法雷寺、北台灵应寺、中台演教寺。

也因为五台山是文殊菩萨演教的地方，所以这5个台顶上的寺庙均供奉文殊菩萨，但5个文殊的法号不同。

东台望海寺供聪明文殊、南台普济寺供智慧文殊、西台法雷寺供狮子吼文殊、北台灵应寺供无垢文殊、中台演教寺供孺童文殊。在东台顶能看日出，西台顶能赏明月，南台顶能观山花，北台顶能望瑞雪。

从此之后，凡到五台山朝拜的人，都要到5个台顶寺庙里礼拜，叫作"朝台"。此后，五台山之名开始在史籍中大量出现。

李唐王朝起兵并州而有天下，所以视五台山为"祖宗植德之所"。唐太宗即位后，重视译经事业，命波罗颇迦罗蜜多罗为住持，

菩萨顶的大雄宝殿

武则天（624年—705年），山西文水人，是我国历史上唯一正统的女皇帝，也是继位年龄最大皇帝。武则天与唐高宗李治并称二圣。后来，武则天自立为皇帝，改国号为周，逝世后以皇后身份入葬乾陵。

佛教名山

佛教名山的文化流芳

增加僧侣3000余人，并在旧战场各地建造寺院。

于是敕令建寺10所，度僧数百，并下诏免收五台山寺院的赋税。此后，历代唐皇都对五台山佛教给予了极大的支持和扶助。

702年，武则天敕命重建清凉寺，令德感法师住持并掌管全国的僧尼事宜，使五台山成为全国佛教的首府所在。其后，又"神游五顶"、在清凉山安置"玉御容"，造塔立碑，并设斋供佛，对佛教进行大力的扶持，进一步促使五台山的佛教进入了兴盛时期。

唐代宗李豫时期，印度的僧人不空三藏来华，上书向朝廷建议：

大圣文殊师利菩萨，今镇在台山，福滋兆亿。伏唯宝应元圣文武皇帝陛下，德合乾坤，明并日月，无疆之福，康我生人。伏唯

■ 五台山的铜塔

五台山演教寺

至今以后，令天下食堂中，于宾头胪上将置文殊师利形象，作为上座。询诸圣典，具有明文。佛只如来尚承训旨，凡出家者固合抠衣。普贤、观音犹执拂而侍，声闻、缘觉拥慧而后居。斯乃天竺国皆然，非僧等鄙见，仍请为恒式。

769年，唐代宗批准了不空三藏的建议，尊文殊菩萨为天下寺宇斋堂中的上座，钦定普贤和观音为文殊菩萨的侍者。从此，文殊菩萨就居于观音、普贤、地藏等菩萨之首。

同时，不空三藏还奏请朝廷在五台山建金阁寺，并派弟子含光和经陀亲自到五台山督造，使之成为国家的根本道场。

770年，不空三藏被召往五台山，他根据名僧道义禅师所说的文殊菩萨显圣处"金阁浮空"而创建金阁寺。该寺铸铜为瓦，瓦上涂金，以合"金阁"命名。

金阁寺修建时，由印度那烂陀寺的纯陀法师担任监工，依照经轨建造。当年秋天金阁寺落成之后，不空三藏法师被召回京城，唐代宗迎接入城。

不空三藏法师是当时新兴密宗的主要创立者，离开五台山后由门

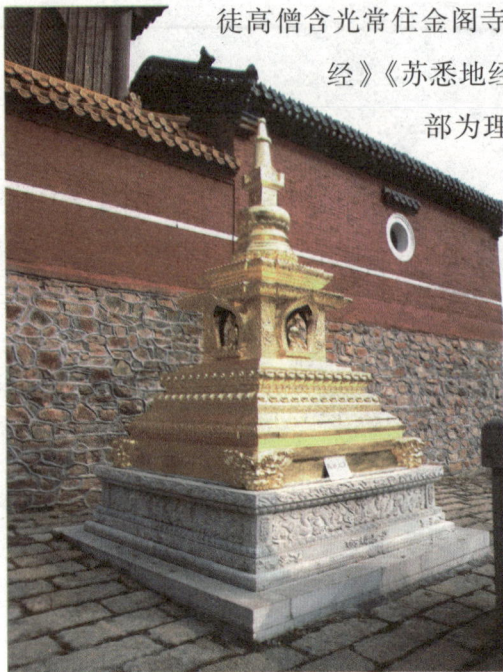
■ 菩萨顶一角

徒高僧含光常住金阁寺弘扬密宗，创建了以《大日经》《苏悉地经》和《金刚顶经》等真言密部为理论依据，以文殊护摩法为主的修行方法，若戒定慧，形成了具有五台山特色的密宗，享有很高的声誉。

金阁寺的殿堂共有160多间，寺院布局为两处大院、一进四重坐北向南的殿阁。寺前有天王殿和钟鼓两楼。第一处大院中间，矗立一座大阁，内供高约18米的千手观音铜像，是五台山最高最大的圣像，由纯铜铸成，外补薄泥，然后贴金。

千手观音身旁又有两尊高大的协侍像，一男一女，左边男像怀中抱有宝剑，据说这一男一女为观音的父母。殿阁两壁各供有12尊塑像，统称为"二十四诸天"。

千手观音站坛的西南壁角，塑有诏令建造该寺的唐代宗李豫像。殿阁内左右后柱下两个石柱础，为圆形中间束腰上下卷莲瓣形，唐风明显。

金阁寺第一处大院的北侧有一排木构建筑，下层是僧舍，上层是塑有各种圣像的供殿，塑像设置庞杂，其中玉皇殿和三皇殿颇具特色。玉皇是道教所称天上最高的神，又称"玉帝"。

三皇指古代传说中的3个帝王，或称伏羲氏、

密宗 又称为真言宗、金刚顶宗、毗卢遮那宗、秘密乘、金刚乘。8世纪时印度的密教，由善无畏、金刚智、不空等祖师传入我国，从此修习传授形成密宗。此宗依《大日经》《金刚顶经》建立三密瑜伽，事理观行，修本尊法。此宗以密法奥秘，不经灌顶，不经传授不得任意传习及显示别人，因此称为密宗。

燧人氏、神农氏为三皇，或称天皇、地皇、人皇为三皇。

与此同时，不空三藏又奏请在天下著名的寺院中置文殊院及文殊像，作为五台山文殊道场的支院。这样，以五台山为中心，以天下各著名寺院为枢纽，通过遍布全国的大小寺院形成网络，使文殊信仰得到推行，从而使五台山成为僧俗尊崇的文殊信仰的发源地和传播中心。

787年，五台山就被正式确定为文殊菩萨的道场。

五台山被定为文殊菩萨的道场之后，人们便自然地在五台山兴建了许多供奉文殊菩萨的寺院和殿堂。

五台山有专供文殊菩萨的菩萨顶、殊像寺、文殊寺、文殊院等寺院，大多数寺院中设有专供文殊菩萨的文殊殿，有的文殊殿规模甚至超过了供奉释迦牟尼

佛教名山

山西五台山

文殊菩萨 即文殊师利或曼殊室利，佛教四大菩萨之一，释迦牟尼佛的左服侍菩萨，代表聪明智慧。因德才超群，居菩萨之首，故称法王子。文殊菩萨的名字意译为"妙吉祥"，意为美妙、雅致、可爱，师利或室利，意为吉祥、美观、庄严。文殊菩萨是除观世音菩萨外最受尊崇的大菩萨，在道教中称文殊广法天尊。

■ 五台山大雄宝殿

佛的大雄宝殿。

供奉在五台山的文殊菩萨像多种多样，有聪明文殊、智慧文殊、狮子文殊、无垢文殊和孺童文殊，这五方文殊像合塑在黛螺顶的文殊殿、显通寺文殊殿和尊胜寺的文殊殿中。

菩萨顶文殊殿中供真容文殊像，佛光寺文殊殿中供着文殊7尊像。后来，在菩萨顶、罗睺寺、显通寺、塔院寺、殊像寺内还分别供奉有黄、白、绿、黑、蓝五色文殊像。另外还有带箭文殊、灯笼文殊、老文殊、千臂千钵释迦文殊、甘露文殊、金刚文殊、大威德文殊、写戏文殊等。

唐代良好的社会环境和宽松的文化氛围，加之多位帝王的尊崇佛教、扶持佛教，使得五台山佛教形成了寺院林立，寺院经济发达，佛教经典丰富，僧人数万的鼎盛局面，文殊信仰遍及天下。

佛教的各个宗派，如唯识宗、律宗、华严宗、净土宗、密宗、天台宗、禅宗的高僧大德纷纷至五台山巡礼学法，传教布道，开辟道场，并建立起属于自己的宗派。

远自斯里兰卡、印度、尼泊尔、越南、缅甸、日本等国的僧人，

佛教名山的文化流芳

五台山亭阁

■ 五台山罗睺寺

也慕名而来巡礼求法，其中，朝鲜和日本尤甚。如日本入唐求法高僧圆仁归国后，于861年在比睿山延历寺仿照五台山大华严寺菩萨院的文殊堂建起了文殊楼，修造了文殊像。

据传，唐代佛教最为兴盛的时期，五台山全山寺院达到了360多座，僧尼达数万人，各地兴建的寺院和僧众更是数不胜数。

阅读链接

在佛教中，认为人生一共存有108种烦恼，所以，在众多的寺庙中，门前长长的台阶一般都与108有关，菩萨顶当然也不例外，寺前的台阶共有108阶。

佛家把解脱烦恼之道称为"法门"，每踏上一级台阶，就意味着跨入了一个法门，消除了一种烦恼。走过长长的台阶，站在悬有"灵峰圣境"横匾的彩绘牌楼下面，远望周围林立的寺庙和翠绿的山色，就寓意着已经把人世间的108种烦恼全部踩在脚下，成了一个无忧无虑的人了。

藏传佛教的传入和兴盛

自唐朝以后，五台山的佛教步入了平稳发展的阶段，宋太宗时期，敕令建造太平兴国寺，并免除了五台山寺院的税赋，还送五台山寺院经藏、佛像、金币等物，安排寺院住持，遣使造寺，使五台山的僧寺骤然猛增。

五台山寺庙建筑群

五台山殊像寺钟楼

宋真宗曾敕令五台山文殊院建重阁，设文殊像。当时五台山共有寺院73座，盛行的宗派有华严、唯识、天台等派。

栖贤寺位于五台山的大社村。栖贤寺寺院建造在悬崖上，从崖底的下院开始，凿石为阶，在石壁上盖有亭子和殿堂僧舍。

下院正面建有5间殿堂，当中一间为穿堂，接着便是岩壁下的短窄石阶通道，通道中段，外侧突起的岩石上建有六角亭，称为"观音亭"，亭檐下的横枋上有3幅画，表现的都是观音显示真容拯救受到歹徒和猛兽威胁的凡人事迹。

中段傍岩壁筑7间殿堂僧舍，从小门入内，墙壁与石壁之间很贴近，院道不足1米。中间一段墙壁上画有十八罗汉，6位一组，均为日常生活状，富有凡世的情趣。

栖霞寺的中殿，内有高约1米，长约两米的铜牛立像，称之为大社

■ 五台山寺庙

拱券 一种建筑结构，简称拱，或券，又称券洞、法圈、法券。它除了竖向荷重时具有良好的承重特性外，还起着装饰美化的作用。其外形为圆弧状，由于各种建筑类型的不同，拱券的形式略有变化。

铜牛，系五台山十景之一。天王殿内有八角13层木塔一座，高约9米，结构精巧，尤其是斗横，雕工极佳，是五台山唯一的一座木塔。

后殿有一面大鼓，是五台山最大的牛皮大鼓。

龙泉寺原为杨家将家庙，始建于宋代，占地面积约为16000平方米，殿堂僧舍有165间。这里有九道山岭环抱，泉水清澈见底，称作"龙泉"，龙泉寺因此而得名。

寺中的影壁和牌坊与东院处在一条中轴线上，由108级石板台阶相连。台阶上有座三门四柱的牌坊，采用汉白玉石雕造而成，前后垂檐和三门拱券，都采用镂空雕法，玲珑剔透。

整个牌楼雕满飞龙、花梁、纸扇、宝镜、书笔、尘掸、玉壶等多种图案，形象逼真。这是五台山最出名的石刻牌坊，牌坊整体雄伟壮观，巧夺天工，据说是由工匠耗时6年才建成，牌坊上刻有89条蛟龙，鳞爪俱现，神态逼真。

牌坊后面的东大院前后两进，有天王殿、观音殿、大佛殿等建筑。中院也叫"塔院"，龙泉寺三宝之一的墓塔就位于中院的祖师殿前。墓塔通体用汉白玉石做成，造型和雕工均十分精美。

塔下方台6.4米见方，高1.5米，上边和下边各雕一圈莲花瓣，四角有4位大力士托塔金刚，台基中间内槽的坐佛小像110尊。

墓塔底座为八角须弥座，每角又各雕一力士像，宝壶形塔肚设4龛，各刻一尊弥勒佛像，这是因为普济生前自称弥勒转世，所以弟子特刻弥勒像。

塔腹上面这八角飞檐，配以斗拱，宛若伞盖，既荫被四佛，又美观大方。

飞檐 我国传统建筑檐部形式之一，多指屋檐特别是屋角的檐部向上翘起，若飞举之势，常用在亭、台、楼、阁、宫殿、庙宇等建筑的屋顶转角处，四角翘伸，形如飞鸟展翅，轻盈活泼，所以也常被称为飞檐翘角。

■ 五台山天王殿

■ 五台山寺庙

佛教名山的文化流芳

在龙泉寺西北方向的山坡上，有一座杨业的瘗骨塔。传说杨业死后，五郎将其尸骨埋葬于此，并建塔纪念。宋太宗后来追封杨业为杨令公，所以后人都将这座塔称为"令公塔"。

金朝建立之后，受汉人崇佛的影响，历代皇帝都倾仰于五台山的文殊圣地。

1137年，金熙宗完颜亶下令在佛光寺重建了7间木构建筑的文殊殿和5间木构建筑的天王殿。海陵王完颜亮于1158年建造了繁峙县灵岩寺，并命御前画臣王逵绘制水陆壁画。

金世宗完颜雍又兴建了万岁寺、平章寺等，并重修了净名寺。在这个时期内，五台山的密宗、禅宗和唯识宗都有长足的发展。

元代帝王尊崇佛教，尤尊藏传佛教。元朝初年，西藏佛教开始传入五台山，忽必烈即位后，封西藏名僧八思巴为国师，八思巴亲到五台山朝礼文殊。

元中统年间，藏族高僧胆巴谒见了忽必烈，奉诏居住在五台山寿宁寺长达10年之久。随着胆巴住台，不少藏族僧人也相继居于五台山，五台山的藏传佛教从此兴盛起来，逐渐促使五台山成为了我国独一无二的汉传佛教与藏传佛教并存的佛教圣地。

元成宗孛儿只斤·铁穆耳亲临五台山朝拜文殊，大做佛事，广修寺院。元武宗海山还数度发军，到五台山修建寺院。元仁宗爱育黎拔力八达曾特敕"置五台寺济民局"和"敕五台灵鹫寺置铁冶提兴司"。

英宗硕德八剌"禁五台山樵采"并"驾幸五台山"，敕令重修寺院。泰定帝也孙铁木儿"敕建殊像寺于五台山，赐田三百顷"，大做佛事。

元代在五台山重修和新建的寺院和塔院寺有10多座，并规定每寺住僧300人。在元代，除了藏传佛教兴起之外，其他宗派如华严宗、慈恩宗、禅宗也颇为兴盛，并涌现出了不少高僧。

1302年，泰定帝也孙铁木儿在五台山显通寺的南侧建立了塔院寺。因院内有大白塔，所以起名为塔院寺。塔院寺坐北朝南，沿中轴

五台山南禅寺

山门 意为寺院正面的楼门，寺院的一般称呼。过去的寺院多居山林，故名"山门"。通常寺院为了避开市井尘俗而建于山林之间，因此称山号、设山门。山门一般有3个门，所以又称"三门"，象征"三解脱门"，即"空门"、"无相门"和"无作门"。今之寺院或仅有一门，也可称之为三门。

■ 五台山塔院寺

线分布的建筑有影壁、牌坊、石碑、周门、山门、钟鼓楼、天王殿、大慈廷寿宝殿、塔殿藏经阁，以及山海楼、文殊发塔等建筑，气魄雄伟，有殿堂楼房130余间，占地面积15000平方米。

塔院寺门前，有3门木牌坊一座。这一木牌坊斗拱雕工精美，顶饰典雅兴大方。所有木制构件都经过精工雕饰，用工精细，是塔院寺中的珍贵木雕作品。

在五台山众多佛塔中，耸入云天的大白塔，是整个寺院的主要标志，其他塔犹如众星捧月一样簇拥着它。大白塔的全称为释迦牟尼舍利塔，从而便简称其为舍利塔，习惯性称为五台山白塔。

这座塔拔地而起，凌空高耸，在五台山群寺簇拥下颇为壮观，人们把它当作五台山的标志。

据《清凉山志》记载，大白塔在汉明帝以前就已经存在。佛教有一传言，486年释迦牟尼佛圆寂之后，尸骨炼就成8.4万个舍利子，古印度阿育王用黄金七宝铸成了8.4万座佛舍利塔，分布于大千

■ 五台山白塔远景

世界中。我国有19座，五台山得其一，称之为"慈寿塔"。

相传东汉明帝时，西域僧人摩腾就是看到五台山台怀之地似佛祖说法之灵鹫山，且此地已有一佛塔才奏明汉明帝在五台山修筑寺院的。由此可知，佛舍利塔，应该建造于五台山兴建佛寺之初。

1302年，尼泊尔匠师阿权尼哥设计建造并完善了大白塔，将以前的慈寿塔置于大塔腹中。该塔工程之大，建造之难，为五台山之冠。大白塔位于殿阁之间，雄伟挺拔，直指蓝天，有气壮山河、一览五台的气概。

大白塔外形为藏式，高50米，塔基为正方形。建塔时，砖缝全部用米浆、石灰搅拌后砌筑。塔面呈白色，高高钻入云天，白塔形如藻瓶，塔利、露盘、宝珠等都是用铜铸成的精致装饰品。

铜铃 我国古代乐器，古属八音之一的金类。铃的形状也像钟，但比钟小得多。用铜制成，外观呈圆球状，规格大小不一。铃的上部设有环状耳，用以穿绳系挂，铃的底部有一长条形开口，口长小于铃的直径，口宽随铃而定，铃大则宽、铃小则窄。

佛教名山的文化流芳

蟾 即蟾蜍，在我国古神话中月亮中有蟾蜍，故称月为蟾，并以蟾宫指月宫，寓意长寿。此外，蟾蜍被赋予了避兵器的功能。同时，蟾蜍还寓意财源兴盛，生活幸福美好。民间也有"刘海戏金蟾"的传统寓意，认为得之可致富。

■ 五台山白塔近景

白塔上，风磨铜宝瓶系以垂带，悬以铜铃，风吹铃动，252个铜铃"叮当"作响，清脆悦耳，回荡在五台山上空。白塔下层建有3间塔殿，内有三大士铜像，有瓷质济公和尚塑像和木雕刘海戏金蟾像等。

白塔东面还有一座小塔，取名为文殊发塔，外抹白灰，通体白净，状如宝葫芦。相传文殊菩萨显圣遗留的金发，就藏其中。

大白塔底坐碹洞里有佛足碑，石碑上所刻的佛足足印长1.6尺，宽6寸，足心有千幅轮相和宝瓶鱼剑图，10个足趾有华纹字。

据下部碑文的解释来看，释迦牟尼去世前站在一块大石上，对他的弟子阿难说："我最后留此足迹，以示众生。谁见到此足印，瞻礼供养，就能免罪消灾。"

唐玄奘西行取经时，把这佛足印也拓下带回，唐太宗敕令将佛足刻在石上，立于祖庙。到了后来的明代，寺僧又按图刻石，并供养在大白塔下。周围还立有其他蒙、藏、汉文各类碑记数十通。

文殊发塔北侧建有面宽5间，高2层的大藏经

五台山塔院藏经阁

阁。正中门顶上挂有一块木匾，上有后来清朝乾隆皇帝御笔题写的绝句一首：

两塔今唯一尚存，既成必坏有名言。
如寻舍利及丝发，未识文殊与世尊。

在藏经阁内有一木制经架，叫转轮藏，六角形构成上大下小形状，每层分若干小格，放置经书。最下层底下有转盘，人力推动，能够来回运转。

所以制成这种转轮藏，按佛教的说法是转动诵经，能为朝山拜佛者消灾除难。藏经阁存有汉、蒙、藏多种文字的经书2万多册。

塔院寺内，还有大雄宝殿5间，藏经阁位于大雄宝殿后，白塔位于大雄宝殿和藏经阁之间，塔周围有廊房围绕，塔院寺东部，还有布局完整的禅院。

出身于僧侣的明代开国皇帝朱元璋，刚一登基就实行了保护佛教，兴隆佛教，尤尊汉藏佛教圣地五台山的政策。他先后召见了五台

佛教名山的文化流芳

五台山万佛阁古钟

山的高僧璧峰和具生吉祥，分别颁赐紫衣、金钵、度牒、御制诗等。

明成祖朱棣派人迎请西藏名僧哈里嘛入京，敕封为大宝法王，令他统领天下的佛教，遣使护送哈里嘛到五台山的显通寺内安置，后又敕修佛舍利塔及显通寺，还在寺中塑造了哈里麻的肖像。

藏传佛教格鲁派祖师宗喀巴的弟子释迦耶希曾到五台山巡礼弘法，入京后受到明成祖的盛情接待，并封他为大国师，赐金印、经像、金银器等物。之后释迦耶希往五台山，朱棣又几次致书慰问。

后来，明宪宗朱见深敕造《大藏经》送往五台山普恩寺，送五台顶供养，又敕谕护持显通寺。朱见深遣人送镀金文殊像一尊、画幅百轴、香金5000两、布帛1000匹、念珠万串等给五台山文殊寺，并制书盛赞圣地，下令敕修文殊寺。

至明武宗朱厚照时期，下令敕建了铜瓦殿，赐额广宗寺，又敕梵僧于中台顶建寺，铸铁为瓦，赐额演教，敕旨护持。

在此期间，藏传佛教格鲁派在五台山得到了迅速的发展。永乐年间，藏传佛教格鲁派高僧哈立麻在五台山居住一年，藏传佛教格鲁派祖师宗喀巴之弟子释迦耶希先后在五台山居住4年，使藏传佛教格鲁派在五台山兴盛起来。

1573年至1620年间，五台山的佛教兴盛繁荣起来。明神宗朱翊钧为母祈福，重修了大白塔，并下令敕造《大藏经》两藏送往五台山。

派遣大使在五顶和狮子窝设弘福万寿报国佑民吉祥大斋，又先后几次送《大藏经》，于狮子窝与五台顶安置。并在五台山设龙会，赐全山僧人锡杖和衣钵1200副，其母李太后也舍钱于五台山修建寺院。

一时间，五台山的寺院剧增，全山达104座，僧侣众多，佛事兴盛。宗派以禅宗和藏传佛教最为兴盛，而华严、律宗、净土其他宗派也都有所发展。

明英宗天顺年间，建造了普济寺，因地处北台叶斗峰之下，所以也叫作北山寺，寺周"群峰凝碧"，因而又称碧山寺，后来更名为"碧山十方普济禅寺"。

碧山寺坐北朝南，背山面水，是一座香火缭绕的古老寺院。碧山寺居高临下，亭台楼阁，星罗棋布，被两丈多高苍翠葱郁的白杨树包围着。

五台山碧山寺

五台山碧山寺

雍正（1678年—1735年），全名为爱新觉罗·胤禛，满族，是清朝的第五位皇帝，康熙的第四个儿子。雍正在位时期，设立军机处，加强中央集权，平定了罗卜藏丹津叛乱，实行"改土归流"、"火耗归公"与"打击贪腐"等一系列铁腕改革政策，促使社会出现了康乾盛世的局面。

淙淙泉水，清脆可闻。沐浴在阳光之下的幢幢殿宇，掩映在水光山影之间，雄伟壮观。庙门前高悬横匾额一方，上书"护国碧山十万普济寺"几个镏金大字，两侧是木制的对联，红底黑字，笔力遒劲，异常醒目。

古人曾在诗中写道：

落日碧山寺，萧然古涧边。
白云生翠崦，明月下寒泉。

凡是出家的僧尼和居士信徒到了碧山寺，一律免费食宿，任何人无权逐客。启程时如果缺少路费，寺中还得周济盘缠。

碧山寺这种广济十方僧人的做法，被人们所乐道和赞赏，因此人们也称碧山寺为"广济茅蓬"，茅蓬是寺院的谦称。

清朝以后，历朝君主，无论本人信佛与否，都相继不断地奉行着尊崇佛教的政策。至康熙、雍正、乾隆三朝，尊崇佛教，尤尊藏传佛教，已经成为一项基本的国策。

五台山是我国佛教名山中唯一汉藏佛教圣地，并且离京城较近，于是清朝的历朝皇帝便特别重视扶持五台山的佛教。

从顺治皇帝开始，就特别重视利用藏传佛教格鲁派来加强蒙古地区与朝廷之间的联系，鼓励藏族的佛教徒朝拜五台山，借以融洽民族关系，五台山藏传佛教权倾一时。

顺治皇帝曾经两次派数十名僧人到五台山，作护国佑民道场，曾命阿王老藏住持五台山的真容院，督理番汉僧众。

提督 武职官名，全称为提督军务总兵官，负责统辖一省陆路或水路官兵。提督通常为清朝各省绿营最高主管官，称得上封疆大吏。若以职能分，提督分为陆路提督与水师提督，掌管区域达一至两省，数万平方千米，甚至数十万平方千米。一般来说，清朝共设12名陆路提督，3名水师提督。

■ 五台山镇海寺

五台山寺庙

康熙皇帝从1684年以后，先后5次朝台，遍礼台顶，朝拜各庙，广赐题碑文匾额，还亲封菩萨顶大高僧丹巴扎萨克为清修禅师，赐提督印和斩杀剑，命山西全省按时进贡钱粮。

1705年，康熙皇帝敕令五台山的菩萨顶等10座寺庙改为藏传佛教寺院，并实行从藏传佛教的高僧中给五台山委任寺院主持的制度，还让统辖内蒙古、青海佛教事务的大活佛章嘉呼图克图住在镇海寺。

乾隆皇帝继位后，效法其祖，曾6次朝台，广题诗文匾额，屡拨巨款，重修寺院。嘉庆皇帝继位后，也到五台山朝拜过。

镇海寺建在陡峻的石山嘴上。寺院因山借势，错落有致，从山腰到山顶形成步步高升格局。寺前有幡杆、石狮，寺内有殿堂楼房100间。

存有4座大殿，分别是天王殿、大雄宝殿、观音殿和关公殿，其中观音殿又称文殊殿，殿内供奉有5尊菩萨，两侧是十八罗汉。

镇海寺的主要建筑是一进三重大殿，天王殿内两壁有四大天王，正中供弥勒佛。中殿内有3尊坐佛，背后饰有"灵光"，一色金身。后殿内正中有文殊菩萨坐卧狮塑像，前侧又有3尊金身坐像。

从中殿西侧的小门穿过是一套院，院内有1712年乾隆皇帝下令建造的十五世章嘉活佛墓塔。

塔基八角，每角塑有大力士，八面雕有精细的人物图案，塔腹正中雕有3尊坐佛，外围有8尊站像。圆腹之上，立有层层内缩的尖顶，造型别致，雕刻精细华美。

章嘉活佛是藏传佛教格鲁派中一个历代沿袭的职位，其地位仅次于达赖和班禅活佛。康熙皇帝尊章嘉活佛为"大国师"，让其统管内蒙古50个旗，镇海寺的规模日渐庞大。

自从罗睺寺被康熙皇帝改为藏传佛教寺院，并常住藏族僧人之后，青海、甘肃等地的藏族佛教徒纷纷前来朝圣五台山，并在该寺居住修持。

后来僧众逐渐增多，道光年间，修建了十方堂，也就是广仁寺，专门招待从远地来的僧人和少数民族善男信女。由于广仁寺没有地产，日常佛用开支仍然由罗睺寺担负。

广仁寺与罗睺寺仅一墙之隔，规模较小，但布局很严整。寺中存有藏文大藏经《甘珠尔》，非常珍贵。寺内有三进殿宇，殿宇两侧配楼房长廊。殿堂和殿堂设置具有浓厚的藏传

■ 五台山镇海寺舍利塔

五台山广仁寺

佛教寺庙特色。

在清代，蒙藏佛教徒对五台山的崇拜非常厉害，在每年4月至10月期间，前来进香者络绎不绝，使五台山的藏传佛教达到鼎盛时期。至嘉庆时，五台山有规模宏大的藏传佛教寺院共26座，僧人数千余人，其中菩萨顶一寺就有僧人561人。

至清末，五台山有青庙78座，僧侣也在千人以上。清代汉传佛教宗派继承了明末时期的传承，以禅宗为主，禅宗中以临济宗居首。直至近代，五台山的藏传佛教格鲁派仍然保持着一定的规模。

阅读链接

在罗睺寺内有一朵高竖的莲花，内含4尊佛像，有时八瓣莲花会缓缓绽开，现出四方阿弥佛，被称为"开花现佛"，一直被视为五台山的一个奇观。

其实，这只是巧设机关人工操作的结果。这朵高竖的大莲花与下面的大圆盘用通柱连在一起，当僧人在圆盘下的暗室驱动木轮的时候，通柱就会随之转动，莲花就会相应地开启或闭合，于是，就出现了人们眼中的开花现佛景观。

浙江普陀山

普陀山原称梅岑山，与山西省五台山、四川省峨眉山、安徽省九华山并称为我国佛教四大名山。它是观音菩萨教化众生的道场，南海观音立佛是普陀山的标志。

普陀山是舟山群岛1390个岛屿中的一个小岛，形似苍龙卧海，面积近13平方千米，呈狭长形。岛上风光旖旎，洞幽岩奇，古刹琳宫，云雾缭绕，以山、水而著称。普陀山这座海山，充分显示着海和山的大自然之美，山海相连，显得更加秀丽雄伟，素有"海天佛国"和"南海圣境"的美誉。

佛教的兴起和普济禅寺

春秋越王勾践时期，舟山一带统称为"甬东"。至西汉成帝刘骜时期，南昌尉梅福赴九江入仙道，隐居在甬东，并在岛上采药炼丹，于是更名为梅岑山。

■ 普陀山普陀圣境

■ 普陀山紫竹林

　　因山的东南紧邻一个更小的岛屿，这个岛屿悬峙海中，称为"洛伽山"，所以有时候也连称为"普陀洛伽山"。

　　至晋代，炼丹家葛洪循梅福之迹，来到梅岑山，居住在仙人井附近，并筑炉炼丹。《普陀洛伽新志》中就记载着他在梅岑山寄隐的事情。由此可见，在汉晋时期，梅岑山为道家的洞天福地。

　　东晋十六国时期，观世音的崇拜已经开始在我国盛行起来，但是并没有专门的道场存在。

　　唐朝时期，政治清明，社会安定，佛教盛行，为了避唐太宗李世民的名讳，人们就将观世音简称为"观音"。

　　后来，随着海上丝绸之路的兴盛，梅岑山作为起始港的重要组成部分，成为日本、韩国及东南亚国家

　　炼丹 道教的主要道术之一，是炼制外丹与内丹的统称。外丹术源于先秦神仙方术，是在丹炉中烧炼矿物以制造"仙丹"。其后将人体拟作炉鼎，用以习炼精气神，称为"内丹术"。

■ 普陀山中的紫竹
林禅院

交往的必经通道和泊地。

在唐大中年间，有梵僧到梅岑山修行，目睹了观音大士现身说法，并授以七色宝石，梅岑山开始成为观音显圣的圣地。

五代后梁时期，日本高僧慧锷大师从五台山请观音像乘船归国，到了舟山洋面遭遇风浪，数次前行都无法如愿，认为观音不肯东渡，于是就留圣像于潮音洞侧供奉，故称"不肯去观音"。

周围渔民听说要把观音菩萨供奉在梅岑山上都高兴极了，有的砍树，有的扛石头，没多久就在潮音洞旁边的紫竹林中建起了一座只有3间简瓦粉墙的小院落。内有一间小平房，是一座精巧别致的小型佛院，称为"不肯去观音院"，后人也称"紫竹林庵"。

从此，梅岑山就成为了观音菩萨的应化道场，普陀山佛教由此而兴起起来。

内侍 官名。隋代置内侍省，掌管宫廷内部的事务。虽也参用士人，但主要仍为宦官之职。唐代沿用不改，全部以太监充当。宋代增设入内内侍省和内侍省，称"前后省"，前者尤为亲幸。在宫内执役的隶属入内内侍省。其官有内侍、殿头内侍、高品内侍、高班内侍诸名，后因称宦官为内侍。

紫竹林庵在历史上曾经重建过多次，尤其是后来的清朝时期。清康熙皇帝曾御书"潮音洞"额赐挂。

雍正时期，又命僧人广记奉诏重修；道光年间，僧人仁亮与他的弟子圣觉又重新进行了修葺；后来，康有为还亲笔题写了"紫竹林"的匾额。

紫竹林中的佛教建筑有天王殿、大雄宝殿、大悲楼、不肯去观音院等。其独特的文物是紫竹石，是一块雕龙的青石，石上花纹清晰，若根根紫竹丛生。雕法古朴精妙，行云浮水，栩栩如生。

此后，佛教在梅岑山的发展很快。

967年，宋太祖赵匡胤派内侍王贵来山进香，并赐锦幡，首开朝廷降香普陀之例。

至1080年的宋神宗时期，开始在梅岑山正式建寺，并特赐"不肯去观音院"，命名为"宝陀观音寺"，也称"前寺"，并将山名更改为"宝陀山"。当时，日韩等国来华经商、朝贡者，也开始慕名登山礼佛，宝陀山开始声名远扬。

后来，宝陀观音寺被更名为"五台圆光寺"，香火开始繁盛起

■普陀山普济寺风景

来。宋代嘉定皇帝御书"圆通宝殿"匾额，定为专供观音的寺院。

后来在1473年至1620年间，朝廷派太监张千来山扩建宝陀观音寺于灵鹫峰下，并赐额"护国永寿普陀禅寺"，寺庙规模宏大，是当时东南方最大的庙宇。

康熙年间，重建之后赐额"普济群灵"，始称"普济禅寺"。

进入普济禅寺一般都要经过一个石牌坊，此坊四柱三门，高约20米，柱上横楣雕刻有精致的云绫和石葫芦。坊内北侧，竖立一通石碑，上书有"文武官员军民人等到此下马"的字样。据说这是皇帝立下的圣旨，文武官员、庶民百姓从此路过，必须下马下轿，以示对观音菩萨的崇敬。

在普济禅寺前有一个约为15亩的莲池，名叫"海

■ 普济禅寺正门

印池"，也叫"放生池"，是后来的明朝时期建造

的。"海印"为佛所得三昧之名，如大海能汇聚百川

之水，佛之智海湛然，能印现宇宙万法。

■ 普济寺亭阁

池上筑有3座桥，中间一座桥面平阔，北接着普

济禅寺的正门，南衔御碑亭。桥中有一湖心亭，又称

"八角亭"，正对普济寺山门。周围玉液拥抱，粉墙

环绕。

夏日荷花盛开，绿叶田田，红花亭亭，景色迷

人，憩此玩赏，凭栏临风，顿觉暑气全消。

桥南的御碑亭，在湖心亭前，与海印池相连。亭

中立有白玉碑一通，碑文记载了梅岑山的发展历史，

碑额上的雕龙栩栩如生，书法遒劲刚健。石刻非常精

美，可谓双绝，碑极名贵。

普济禅寺的东面一座为拱桥，称"永寿桥"，桥

上石栏柱头上刻有狮子40只，形态各异，生动逼真。

庶民 平民百姓。我国战国以前的时代，"百姓"是指有姓之人。那时候有姓的就都是王公贵族，百姓也就是"百官"。一般的平民，老祖宗又无权无势，够不上称"百姓"，只能说是"黎民"，或者被称为"庶民"。

石桥古朴典雅，为雕刻中的珍品。

桥前有菩萨墙影壁，上书"观自在菩萨"5个大字，字高5尺，苍劲有力。相传观音菩萨悲智双圆，从悲则称观世音，从智则称观自在。

墙旁刻有《心经》，而且有诗赞道：

海上有山多圣贤，众宝所成极清净。
勇猛丈夫观自在，为度众生住此山。

普济禅寺的西面有一座长垅拱桥，四隅镂有龙首，逢雨水就会从龙嘴喷出，似袅袅轻烟。莲花池三面环山，四周古樟参天，池水为山泉所积，清莹如玉。

每当盛夏之际，池中荷叶田田，莲花亭亭，映衬着古树、梵宇、拱桥、宝塔倒影，构成一幅十分美妙的图画。夏季月夜到此，或风静天高，朗月映池，或

拱桥 我国的拱桥始建于东汉中后期，已有1800多年的历史，拱桥是由伸臂木石梁桥、撑架桥等逐步发展而成的，在形成和发展过程中的外形都是曲的，所以古时也常称为"曲桥"。在我国古代的一些文献中，还用"圂"、"窬"、"窦"、"瓷"等字来表示拱。

清风徐徐，荷香袭人，形成"莲池夜月"的美景。

荷花，佛家称之为莲花，是圣洁、清净的象征。佛家称极乐世界为"莲邦"，以为彼土众生以莲花为居所，认为众生皆有佛性，只是由于被生死烦恼所困扰，才没有显发出自己的佛性，因而陷在生死烦恼的污泥之中。

而莲花出淤泥而不染，濯清涟而不妖，故佛教以莲花来比喻佛性。观音菩萨就是普度众生的"莲花部主"。

普济禅寺共有六进殿堂，自南向北贯串在一条中轴线上。山门东侧为钟楼，采用重檐歇山式建筑结构，内悬置一口大铜钟，重约3500千克。山门西侧有鼓楼，建筑形式同钟楼。每天清晨撞钟，傍晚击鼓，召集僧众参加活动。

天王殿也称金刚殿，面宽5间，进深4间，为重檐歇山式。进门迎面是一弥勒菩萨，盘坐在莲花座上，一手拿一只布袋，据说他能将世人的一切苦难都装入这个布袋之中。

佛像两旁有一副对联：

大腹可容容世间难容之事，
慈颜含笑笑天下可笑之人。

用以劝诫人们要以慈悲大度为怀，用乐观的态度来面对风雨变幻的生活。

弥勒菩萨后面的塑像是韦驮

普陀山普济寺碑刻

菩萨，昂然挺立，手持宝杵，据传韦驮是神将之首，常于东、南、西三州巡游，守护伽蓝，属护法神。两旁的四大天王宛如4名卫士在维护法门，他们是东南西北4个方面的天王，各自手里拿着法器。殿后有香樟8棵，直径最大的达两米多，十分茂盛。

圆通是观音菩萨的别号，大圆通殿是普济禅寺的主殿，是供奉观音菩萨的场所。殿堂宏大巍峨，殿面阔7间，进深6间，重檐歇山式，黄琉璃顶，九踩斗拱，门心板雕二龙戏珠。大殿可容数千人，有"活大殿"之称。

殿前平台周有石雕栏板，台中有钢鼎炉，高约4米，上铸"普济禅寺"、"千秋宝鼎"和"光绪辛丑冬月吉旦"等字样。殿内正中端坐着高达8.8米的观音菩萨，全身金黄，眉清目秀，慈祥含笑，身边站立着她的门徒善财和龙女，神态天真活泼。

在大殿的东西两壁又各塑有16尊不同服饰和形态的菩萨，称"观音三十二应身"，即观音以不同身份教化世人时的现身说法形象。

他们是：辟支佛身、声闻身、梵王身、帝释身、自在天身、大自在天身、天大将军身、毗沙门身、小王身、长者身、居士身、宰官身、婆罗门

■ 普陀山南海观音

身、比丘身、比丘尼身、优婆寒塞身、优婆夷身、长者妇女身、居士妇女身、宰官妇女身、婆罗门妇女身、童男身、童女身、天身、龙身、夜叉身、乾闼婆身、阿修罗身、边楼罗身、紧那罗身、摩睺罗迦身、执金刚神身。再加上中间供奉的观音佛身，共33身，是梅岑山观音道场的独特之处。

■ 普陀山景色

主殿两旁建有配殿。东首为文殊殿，供奉应化于五台山的文殊菩萨。西首为普贤殿，供奉应化于峨眉山的普贤菩萨。两侧回廊是罗汉堂，各塑18尊罗汉。

普济禅寺法堂面宽5间，重檐歇山式，楼下是法堂，楼上为藏经楼，收藏着万卷经书。两侧又有配殿，东首为普门殿，西首为地藏殿，供奉应化于九华山的地藏菩萨。

这样排列，把我国四大佛山的主佛都集中在了一起，宾主相比，使"震旦第一佛国"的梅岑山主佛观音菩萨显得更为突出。

歇山式 在形式多样的古建筑中，歇山式建筑是最基本、最常见的一种建筑形式。即前后左右有4个坡面，在左右坡面上各有一个垂直面，故而交出9个脊，又称"九脊殿"、"汉殿"、"曹殿"，这种屋顶多用在建筑性质较为重要、体量较大建筑上。

佛教名山

佛教名山的文化流芳

■ 普陀山寺庙

祭酒 我国古代主管国子监或太学的教育行政长官。晋武帝时期始设，以后历代多沿用。为国子学或国子监的主管官，因国子监是当时国立的最高学府，传授儒家思想，其中最重要的礼仪就是祭祀，所以国子监的主管被命名为祭酒。战国时荀子曾三任稷下学官的祭酒，唐代的韩愈、明代的崔铣都曾任过国子监祭酒。

功德殿在寺的最后，是佛教信徒为其祖宗立位做功德的佛堂。殿堂四周附设斋堂、僧舍等。

普济禅寺内有龙眼泉、菩提泉、菩提井，都是煮云雾佛茶的上品泉水。过去设有茶室，用以招待香客，是"静室茶烟"的所在地。

普济禅寺后湾有真歇庵遗址，是本山禅宗第一代祖师真歇和尚的修静之处，其东侧的无畏石高5丈，刻"海天春晓"和"空有境"的字样，并有一对联"寰区照瑞相，刹海遍潮音"。

石巅过去有真歇禅师塔，寺西过去有清静庵，又称"三摩地"。

普济禅寺后有一块石，宛如3扇门板并竖，状如宝岛，叫"灵鹫石"，又名"慈云石"，上刻有后来明朝国子监祭酒陶望龄的"鹫岭慈云"题词。

石隙间有泉流入寺，清冽有香气。

明代右副都御史丁继嗣有诗道：

皈心来宝地，蹑足上慈云。

泉溜穿橱入，昙香满院闻。

何幸逢林远，幽探绝世氛。

副都御史 官名，明始置，为都察院左右都御史副职，分左右，正三品。在外督抚，也加都御史或副、佥都御史衔。清沿置，以左副都御史协理都察院事，满汉各两人。以右副都御史与右都御史、右佥都御史为外督抚系衔清。1748年乾隆皇帝废右都御衔。

说的就是这慈云石的盛况。

普济禅寺是梅岑山佛教的活动中心，一切重大的佛教活动都在此举行。每天来普济禅寺进香的善男信女络绎不绝，香火异常繁盛。

1131年，宝陀观音寺住持真歇禅师奏请朝廷允准，易律为禅，并将山上的700多渔户全部迁出，辟为"佛地净土"。宋宁宗嘉定年间，朝廷指定宝陀山为专供观音的道场，山中各寺院内均塑观音像。

后经历代兴建，寺院林立。鼎盛时期全山共有四大寺、106庵、139茅蓬，4654余僧侣，史称"震旦第一佛国"。

阅读链接

日本慧锷大师从五台山求来的观音佛像被供奉在"不肯去观音院"之后，就知道自己心里喜爱的观音佛像再也请不回日本了。他朝暮参拜，有时望着佛像苦苦发呆。

一天，他突然想到，既然请不回观音，我何不把观音佛像画下来，回到日本以后，再请人照着画样雕刻一尊呢？

于是慧锷拿出纸笔，把墨磨得浓浓的，对着观音佛像倾注心力，一笔一笔精细地画了起来。

他日也画，夜也画，画了整整三天三夜，才将这幅观音图画成，画得和观音佛像简直是一模一样，鬓发修眉，无不毕肖，慈容慧目，端庄可敬。慧锷满心欢喜，带着观音佛像，高高兴兴地回日本去了。

普陀山寺庙的集中发展

元代年间，僧孚中托钵江南，见姑苏盛产美石，便立志建塔。

孚中是浙江奉化人，被元顺帝赐号为"广慧妙语智空宏教禅师"。他住持普济禅寺14年，以勤俭简朴著称，为兴建名山道场，多

■ 普陀山法雨寺

■ 普济寺夏日美景

次外出云游募化，得到江南诸位藩王的隆重接待，太子宣让王等出资建造多宝塔，故又名"太子塔"。

元代时普济寺与对面的梵山之间，是一条长长的沙滩，紧连百步沙，面临大海，潮水一涨，滔滔白浪就会涌到普济寺山门跟前。

至农历八月大潮汛时，更是风狂浪高，飞沙走砾，这给清静的普陀山带来了不少灾难。

有一年中秋节期间，元朝皇太子宣让王到普陀山游山玩水，一天夜里，正当他兴致勃勃地坐在普济寺山门前听潮赏月时，突然一阵狂风把他吹倒在地，他那顶太子帽也被狂风刮到了海里。

太子惊恐万状，忙问住持孚中禅师："这是何物作怪？"

孚中禅师见太子动怒，便告诉他说："山门前的沙滩下蛰伏着一条小怪龙，每到中秋节时它会喘气、打滚，舒展一下龙身，进而引起山上起风，海上掀

藩王 介于地方长官与独立君主之间的统治者。他们可能是已形成地方割据势力，但在名义上仍未宣布独立的地方长官，或者由某强国册立统治某地区的半独立君主。藩王一般都有独特的名衔，这些名衔并非一般的地方长官职衔，而是比地方长官职衔更为尊贵的封号。久而久之，这些名衔会演变为真正的君主称号。

太子听了，大吃一惊，急忙问道："小龙如此作孽，可如何是好？"

孚中禅师说："要镇住孽龙并不难，只要建一座塔就可以了。"

太子高兴地说："此法如行，我愿奏明父皇，传旨造塔，镇住孽龙！"

第二天，孚中禅师带着几个泥工匠，来到梵山口的沙滩上，抓一把泥沙放到鼻子下闻了闻，蹲下身子，把耳朵贴在沙滩上听了听，然后用禅杖在地面上画了个圈说："就在这里打桩造塔！"

太子不解其意，正想问明原因，孚中禅师连忙凑了过去，轻轻地说："要造塔镇住孽龙，这塔就要造在龙的咽喉7寸之处。"

时隔一年，一座四角玲珑的佛塔造好了，这就是现在的多宝塔。多宝塔完工那天，正好又是中秋佳节，蛰伏在普济寺山门前沙滩下的小龙又苏醒过

太子 古代君主的儿子中被预定继承君位的人。周时天子及诸侯的嫡长子，称为太子或世子。汉时称为皇太子，金元代时，皇帝的庶子称为太子，明代以后皇帝的嫡子称皇太子，亲王的嫡子称世子。太子的地位仅次于皇帝本人，并且拥有自己类似于朝廷的东宫。

佛教名山

佛教名山的文化流芳

■ 普陀山胜景

■ 普陀山多宝塔

来了，它想伸伸腿，舒展一下龙身，却感到浑身不自在，睁开眼一看，见有4根又粗又长的石柱，紧紧地卡住了自己的咽喉部位，无法动弹。

从此，恶浪难越百步沙，狂风远避普济寺。

多宝塔取《法华经》多宝佛塔之义而定名，全用太湖石砌成，呈方派共5层，高32米，台面栏柱刻有护法神狮及莲花。座基较宽，平台的转角处及四周栏下饰有螭首，做张口吐水状，造型生动，具有浓郁的元代建筑特色。

第二层的蟠龙柱，体态雄健，纹饰线条流畅。塔上身三层四面各镂古佛一尊，全伽趺坐式，瑞容妙丽，形象生动。

塔刹为仰莲宝瓶，整座建筑造型别致，雕工精巧，具有浓郁的元代风格，十分罕见，是昔日景观"宝塔闻钟"的所在地。

螭首 又叫螭头，螭是传说中一种没有角的龙，属传说中的蛟龙类。传说中的龙生九子之一。古建筑或器物、工艺品上常用它的形状作装饰。因其嘴口，肚子能容纳很多水，在建筑中多用于排水口的装饰，称为螭首散水。

■ 普陀山莲池

匾额 指上面题着作为标记或表示赞扬文字的长方形横牌。它是我国古建筑的重要组成部分，相当于古建筑的眼睛。匾额中的"匾"字古也作"扁"字。它悬挂于门屏上作装饰之用，反映建筑物名称和性质，表达人们义理、情感之类的文学艺术形式即为匾额。匾额就其建筑材料来说，可分为石刻匾额和木刻匾额及灰制匾额等。

法雨寺又称"后寺"，距普济禅寺2.8千米，创建于1580年，因当时此地泉石幽胜，结茅为庵，所以取"法海潮音"之义，取名为"海潮庵"，后改为"海潮寺"，最终更名为"护国镇海禅寺"。

此后，历代都对护国镇海禅寺进行重建和修葺，清康熙年间，明益禅师孤身入闽募资，历时3年，将所募财物用以建圆通殿，专供观音佛像，两年后又建大雄宝殿，供奉诸位菩萨。

后来，清朝康熙皇帝特赐金修寺，并修缮了大殿，赐"天华法雨"和"法雨禅寺"匾额。清朝同治、光绪年间又陆续建造殿宇，使之成为名扬江南的一代名刹。

法雨寺占地33000平方米，存有殿宇294间，依山取势，分列6层台基之上。

入山门依次升级，中轴线上有天王殿，后有玉佛殿，两殿之间有钟鼓楼，又依次为观音殿、御碑殿、大雄宝殿、藏经楼、方丈殿。其中，观音殿又称"九龙殿"，九龙雕刻十分精致生动，九龙殿内的九龙藻井及部分琉璃瓦从南京明代宫殿拆迁而来。

法雨寺整座寺庙宏大高远，气势超凡。不远处的千步金沙空旷舒坦，海浪声日夜轰鸣。

北宋的文学家王安石曾写诗称赞道：

树色秋擎书，钟声浪答回。

从普济禅寺前往法雨寺，要经过一段名为"玉堂街"的香道，香道的尽头是一片名为"日莲池"的池塘，莲池汇聚锦屏山南麓诸溪之水，水从山岩迸出，清冽异常，历久不竭。此处所产的莲子，历史上曾被列为贡物。

藻井 我国传统建筑中室内顶棚的独特装饰部分。藻井一般由多层斗拱组成，由下而上不断收缩，形成下大顶小的倒置斗形，外层方形或多边形，顶心一般圆形。围饰以各种花藻井纹、雕刻和彩绘。多用在宫殿、寺庙中的宝座、佛坛上方最重要的部位。

观音道场

浙江普陀山

■ 法雨寺九龙壁

■ 法雨禅寺

池上有座海会桥，是进入法雨寺的正路，是后来光绪年间法雨寺的住持化缘募修而成的。桥前古木参天，幽静淡雅。

"海会"意指诸佛菩萨聚会在一起，其德之深与数量之多，犹如大海之广阔无边。

海会桥横跨日莲池上，将池分割为东西两潭。桥为单孔石拱桥，长约20米，宽5米，两侧栏板的双面浮雕上刻有各种戏剧故事、竹木花卉、飞禽走兽、虾蟹鱼鳖等图案共52幅，雕刻精致，栩栩如生。

法雨寺的寺门不同于一般寺庙的山门，不在中轴线上，而在东南角上，一条青石板路蜿蜒而上，弘一法师等都在这里留下过足迹。山门主建筑为重檐方亭，匾额青蓝底镶金字，上题"天华法雨"4个字。

方亭西是影壁，原为砖雕三龙壁，上书梵文"唵

九龙壁 影壁的一种，即建筑物大门外正对大门以作为屏障的墙壁，俗称"照墙"、"照壁"。影壁是由"隐避"演变而成。门内为"隐"、门外为"避"，以后就惯称影壁。

嘛呢叭弥吽"，用60块0.7米见方的青石浮雕砌成，全壁雕刻镶嵌精致，不露缝隙，犹如一整块大石板雕刻而成。后改建为九龙壁，高两米，宽12米，厚1米，极富立体感，壁中九龙昂首舞爪，腾云戏珠，形象逼真。

九龙壁对面是一座重檐歇山式建筑，檐间额题"天王殿"，殿前古樟成林，甬道两侧竖有两根旗杆，十分特别。

其中的一根已经变换过七八次，而另一根虽常被香客当作神物，剥皮做药，但仍然巍峨高耸，故有"后寺活旗杆"之称。殿内四大天王的位置排列与众不同，据说是为了避免与普济寺重复。

天王殿后的玉佛殿面阔3间，外加围栏，黄琉璃顶，是一座小巧玲珑的重檐歇山式建筑。大殿东西有钟楼和鼓楼各一，月台上有古柏一棵，苍老劲健，西侧植罗汉松一棵，直径1米多，颇为罕见。

普陀山放生池

玉佛殿原供有清朝光绪年间从缅甸请回的释迦牟尼玉佛像一尊，像高两米，玉色皎洁，雕琢极精。被毁之后，供奉的是从北京永乐宫移来的玉佛。

九龙殿又称"圆通殿"，是法雨寺的主殿。殿前有古树10余棵，其中两棵大树古银杏和古桧柏高入云天。西侧的银杏粗约3米，树龄约有500多年。

东侧的龙凤柏苍老劲健、蟠屈如虬螭，形状独特，是宝陀山上最有名的两棵古柏。

大殿台前三面石栏板上分刻着"二十四行孝图"，取自元代郭居敬编撰的古今24个孝子的故事。这些浮雕构图完整，线条流畅，是明代石刻浮雕中的精品，有很高的艺术价值。

■ 法雨寺禅堂

大殿是后来的康熙皇帝增建的。

1699年，康熙皇帝赐"法雨禅寺"额时，下发"拆金陵旧殿以赐"令，拆金陵城内琉璃瓦12万张，仿金陵明故宫的九龙殿盖成。殿分7间，高22米，面阔35米，进深20米，面积达1000多平方米。

大殿内无一梁、一钉，堪称一绝，是我国寺院建筑中规格最大和

普陀山亭阁

建筑艺术水平最高的佛殿。

　　九龙殿内最有名的当数"九龙藻井"，藻井按古朴典雅的九龙戏珠图案雕刻而成。

　　一条龙盘顶，8条龙环，8根垂柱昂首飞舞而下，8根金柱的柱基是精致的雕龙砖，正中悬吊一盏琉璃灯，宛若一颗明珠，组成九龙戏珠的立体图案，造型优美，刀法粗犷，成于明代初，九龙殿之名便因此而得。

　　大殿正中供奉6.6米高毗卢观音坐像，后壁为大型海岛观音群塑及善财童子群像，两旁列十八罗汉。

　　御碑殿殿宇5间，黄瓦盖顶，西侧楼屋内有门可通上佛顶山的香云路。大殿面宽5间，进深4间，前有外廊，斗拱承担，殿中供三世佛。

　　殿东耳殿3间，为三圣殿，供三圣立像。西耳殿3间为关帝殿，供关公金坐像，两侧配房各5间。

　　1605年，明朝万历皇帝赐宝坨观音寺为"护国永寿普陀禅寺"，宝陀山自此更名为"普陀山"。

普陀山山间小路

之后，明代僧人圆慧在海拔300米的佛顶山右上方建造了一石屋，取名"慧济庵"，俗称"佛顶山寺"。至清朝时期，禅宗临济派能积禅师扩庵为寺，首创圆通、玉皇两殿，又建钟楼、大悲楼和斋楼，慧济寺从此声名远扬。

后来，德化禅师请得御赐《大藏经》镇寺，德化禅师圆寂之后，其徒文质主掌法席，对慧济寺大加修建，一切规制皆与普济寺、法雨寺相同，慧济寺遂成为普陀山的第三大寺院。

慧济寺占地面积为18000多平方米，有殿堂灯阁共145间。布局因山制宜，中轴线上，山门、天王殿、大雄宝殿、大悲殿、藏经楼、方丈室等列同一平行线，与左右厢房互为表里，颇具浙东园林的特色。

明末张苍水有诗说：

绝磴凌云嵌佛龛，扪天住笏恣豪探。

写出了佛顶山寺的奇妙景趣。

由法雨寺到慧济寺需经一段石级小道，人称"香云路"，全路共有1088级石阶，此路细如羊肠。系在住持文正的带领下，募资砌石而成，路旁又设铁栏杆，一路上可见青山绿水，可闻鸟语花香；路西的青玉涧，自山巅至山麓，涓涓细流，淙淙泪泪之声时隐时现。中途的香云亭呈长方形，建于路中，下有溪涧穿行而过。

过香云亭向前，在一个陡坡的转弯处，一方呈方形的巨岩矗立在路侧，岩石的垂面上刻有数尺见方的"海天佛国"4个大字，为明朝参将侯继高所书。

相传当年侯继高在普陀山抗倭之际，佯装上佛顶山礼佛，吸引倭寇入山，并一举歼之，这4个字就是他当时所书的。"海天佛国"石上又叠一石，其形如即将倾倒之钟，高插云天，石上题款"云扶石"3个字，非常奇特。

慧济寺的山门极为简朴，上书"慧济禅寺"，与普陀山其他的寺院不同，慧济寺的主殿大雄宝殿，供奉的是释迦牟尼佛像，两边侍立佛弟子阿难与迦叶。

大殿两厢各塑有10尊塑像，是佛教传说中的"二十诸天"，后两侧则供奉观音及千手观音木雕

■ 普陀山风光

普陀山雕塑

像。大雄宝殿屋顶以天蓝、淡绿、鹅黄、紫红等各色琉璃瓦铺成，阳光映照下，往往能映出万道彩虹，形成"佛光普照"的绮丽景观。

慧济寺后门左侧有一棵树，是普陀鹅耳枥。该树从地表处分两杈并列长出，在3米多高处又分两杈，往上再有规律地一分为二，故又称为"夫妻树"。这棵树是200多年前由缅甸僧人来普陀山朝拜时携来，是我国没有的稀有植物，仅存一棵，十分珍贵。

还有一棵被誉为"佛光树"的新姜子木，也是稀有树种，它如同一名使者，每当农历二月十九观音大士圣诞之日，它的嫩梢枝叶就会披上金黄色的绒毛，在阳光里熠熠闪光，仿佛佛光临世，为佛国增添了神秘的色彩。

佛顶山是普陀山的最高处，在这里举目四望，大海山礁，仿佛向眼前奔来。每遇山雨将来，雾霭围绕山腰，渐至朦胧，此时，山腰的"云扶石"如青帆一片，出没于云涛，仿佛置身于云海之中，充满诗意，形成"华顶云涛"的壮丽景观。

在普陀山上还有许多天门，如东天门、西天门、南天门等。

东天门有两处，一在光熙峰右；一在虎岩侧，两岩突起如门，仰看不高，俯瞰则岩壑深杳。

西天门对峙的两石间仅容一人伛偻而过，危石横亘其上，额曰"西天法界"，左右石上分别题刻"振衣濯足"和"同圆种智"。

南天门是在清代康熙年间由普济寺住持通旭正式题名的。南天门孤悬入海，正南有小石桥与本岛相通，因桥似龙，故称环龙桥。岛上有梵刹，又有观音大士坟。入门有巨石矗立，清总兵蓝理题名"海山大观"4个字于其上，体势苍劲。

这些门并无绳墨规矩，彩拱飞檐，不过是巨石突兀，相对耸峙而类似于"门"而已，但三天门名立，普陀山便俨然一海天净国了。

在南天门旁，是普陀山南海观音立佛之地，面朝大海，与洛伽山隔海相望。南海观音铜立像气魄宏大，雕制精巧，世所罕见，是普陀山标志性的建筑物和海天佛国的象征。

南海观音立像双目垂视，眉如新月，左手托起法轮，右手施无畏印，显现大慈大悲相。总高33米，其中像身高18米，是由96块厚0.001米的亚金铜壁板组成，总重70吨，其中面部重1.5吨，高2.6米，宽2.4米，含纯金6500克。

总兵 我国古代官名。明初，镇守边区的统兵官有总兵和副总兵之分，但是并没有人员限定。总兵官本为差遣的名称，无品级，遇有战事，总兵佩将印出战，事毕缴还，后渐成一种常驻的武官。清朝之后，军权归为各省巡抚提督之文官，而听从巡抚提督之总兵武官则改为正二品。

■ 普陀山永寿桥

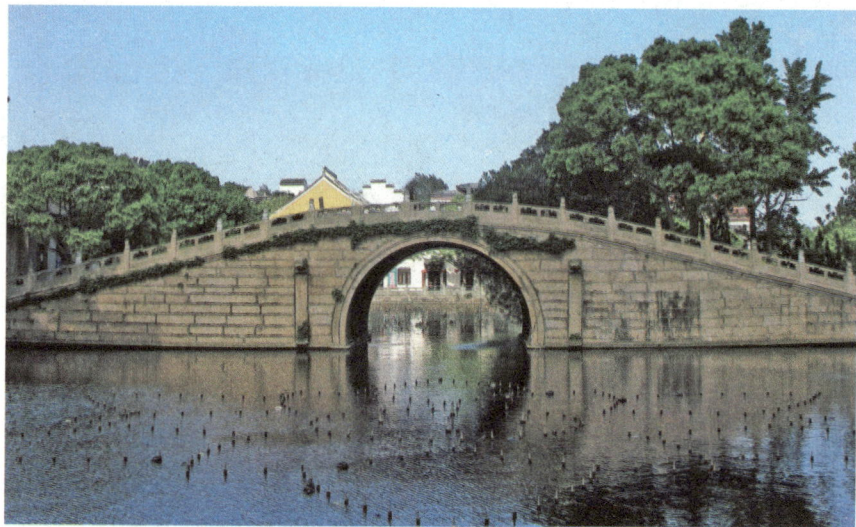

南海观音立佛下是礼佛广场，宽51米，长111米，花岗石布地，石板泾渭分明，板缝衔接细密。广场南侧东西置"四大天王"花岗岩石雕像，像高3.9米，雕塑像近看直赞巧夺天工，远观威武真神。

南海观音立像基座分两层，第一层为功德厅。厅内正中直径5.6米的铜柱上铸有20幅观音说法图和妙善大和尚像，两壁悬挂着"观音送饭"、"二龟听法"、"飞沙连海"和"蓝公护法"的大型木刻壁画，雕刻极为精细。

基座的第二层为观音堂。堂内供奉着500尊各具妙相的紫铜观音像，中音铜柱铸刻着"观音三十二应身像"。

普陀山南海观音铜像造型尽现了观音菩萨的慈、悲与柔美，形象端庄，线条流畅，金光闪闪，是海天佛国宗教艺术的一大瑰宝。

施无畏印 佛教的手印之一。意为"全然无惧的人"或是"令人安心，平静者"，象征着布施无怖给众生。右手前臂上举于胸前，与身体略成直角，手指自然向上舒展，手心向外。这一手印表示了佛教济众生的大慈心愿。据说能使众生心安，无所畏怖，所以称为施无畏。

阅读链接

普陀山在东海，为什么要称为"南海普陀山"呢？

长期以来，人们认为有两个原因：一是因为在《史记·秦始皇本纪》中有"上会稽，祭大禹，望于南海"的记载，以为古代称普陀山为南海。

二是因为在唐朝以前，我国的政治文化中心在陕西西安，普陀山在其南边，因此，唐朝之前的普陀山一带海面被称为南海。后来，随着朝代的变迁，政治中心迁往北京，从明朝始普陀山一带海面改名为东海。但由于南海观音的叫法深入人心，所以，尽管海面易名，南海观音的称谓还是保留了下来。

旖旎秀丽的海岛奇观

普陀山虽不高不大，但风景却异常秀美，还以山水美著称。普陀山风光独特，四时景变，晨昏物异可谓风光无限，可与山东的"蓬莱仙境"相媲美。

■ 普陀山海岛奇观

渔歌 民歌的一种，沿海地区以及湖泊港湾渔民所唱。分深海、浅海两类。前者是深海作业渔民所唱，近似咸水歌，后者是海边渔家妇女所唱，通常主要指浅海渔歌。

普陀山景中有景，包括莲洋午渡、短姑圣迹、梅湾春晓、磐陀夕照等，或险峻、或幽幻、或奇特，给人以无限的遐想。

莲洋就是莲花洋，处在舟山本岛与普陀山之间，北接黄大洋，南为普沈水道。莲花洋是因日本僧人欲迎观音像回国，海生铁莲花阻渡的传说而得名。

莲花洋是登普陀山进香的必经之航路，航行在洋上，如果赶上午潮，就能见到洋面波涛微耸，状似千万朵莲花随风起伏，引人浮想联翩。如遇到大风天，这里则是波翻盈尺，惊涛骇浪，展现出另一番极为壮观的景色。

曾有渔歌赞咏道：

■ 普陀山观音像

普陀山磐石

莲花洋里风浪大，无风海上起莲花。
一朵莲花开十里，花瓣尖尖像狼牙。

海湾春晓指的是普陀山的早春景色，普陀山因西部山湾为梅湾，也称作"前湾"。据传此地多野梅，庵、篷中的僧众多好养梅怡性。

每当早春季节，春回大地，遍山野梅，香满山谷，青山绿树，映衬着点点红斑，煞是一番美景，曾被人誉为"海上罗浮"。

每当晴朗无风时日，伫立西山巅，远眺莲花洋，只见渔舟竞发，鸥鸟翔集，海中波涛，粼粼闪光，山外青山，层层叠翠，美不胜言。若在月夜，则疏枝淡月，岛礁朦胧，幽香扑鼻，更加令人陶醉。

"磐陀夕照"是磐陀石一带的傍晚景色。磐陀石由上下两石相垒而成，下面一块巨石底阔上尖，周长20余米，中间突出处将上石托住，为磐。上面一块巨石上平底尖，高3米，宽近7米，菱形，为陀。

上下两石接缝处间隙如线，睨之通明，似接未接，好似一石空悬于一石之上。

■ 普陀山拱桥

每当夕阳西下，石披金装，灿然生辉，在山顶环眺四周，则见汪洋连天，景色壮奇，堪称普陀山的一大奇观。

法华灵洞内的景观非常奇特，由方圆巨石自相垒架而成，形成的洞穴多达10余处，有的洞穴狭隘低迫，伛行可过。有的宽广如室，中奉石像。有的则上丰下削，泉涓滴漏，自石罅流出而下注成池。

普陀山的洞穴虽多，层复出奇，但唯此洞为最。洞外有"青大福地"、"普陀岩"和"东南大柱"等题刻。

"古洞潮声"中的古洞指潮音洞。它半浸海中，纵深30米左右，崖至洞底深10余米，海岸曲折往复，巉岩峭壁，怪石层层叠叠。洞底通海，顶有两处缝隙，称为"天窗"。

潮音洞口朝大海，呈张口状。日夜为海浪所击拍，潮水奔腾入洞口，势如飞龙，声若雷鸣。若遇大风，浪花飞溅，浪沫直冲天窗之上。如是晴天，洞内

县令 官名。战国时三晋和秦称县的行政长官为令。县令原本直接隶属于国君，但是战国末年，实行郡县两级制，于是，县开始成为郡的隶属，县令也就成了郡守的下级官员。

七彩虹霓幻现，叹为奇观。

据载，宋元时期来普陀朝山香客，多在潮音洞前叩求菩萨现身赐福，明以后则多去梵音洞叩求观音大士显灵。香客中常有纵身跃下山崖，舍身离世，借以往生西方极乐世界者，于是定海县令就在岸上建亭，并亲书《舍身戒》，立碑以禁香客舍身之举。

过仙人井，登八宝岭东望，见岗上有岩斜峙似象，伸鼻举目，眺望东海，此即为象岩。象岩上侧，犹有驯服似兔的兔岩。

象岩以东临海处，复道转折，层梯而下，有一天然洞窟，广不逾丈，却幽邃窈冥。洞外巨石参差，积叠入海。洞口面朝东洋，左右挽百步沙与千步沙。

每当晴天，清晨在此看日出，观海景，景色壮丽，叹为观止。旭日"巨若车轮，赤若丹砂，忽从海底涌起，赭光万道，散射海水，千鲜相增，光耀心目。"

所以起名为"朝阳洞"，并把"朝阳涌日"列为普陀山的美景之一。在普陀山见日出，以朝阳洞为先。

朝阳洞也是听潮音的好去处。根据书中记载，身处其中，能听到

■普陀山湖光山色

浪涛轰鸣而下，如千百种交响乐迭奏，别有情趣。

千步金沙，沙色如金，纯净松软，宽坦柔美，犹如锦茵设席，人行其上，不濡不陷。海浪日夜拍岸，涛声不绝。浪潮嬉沙，来如飞瀑，止如曳练。每遇大风激浪，则又轰雷成片，骇人心魄。倏忽之际，诡异尤常，奇特景观，不可名状。

千步沙沙坡平缓，海面宽阔，而且水中无乱石暗礁，每临月夜，婵娟缓移，清风习习，涛声时发，其清穆景色更为诗意盎然。故有人曾将其与壮丽的朝阳涌日，合称为"普陀山绝观"。

到普陀山，晚上能听到千步沙那里的海潮音，声若雷轰，震耳欲聋，万马奔腾似的，比欧阳修《秋声赋》中所说的声音还要大上百千万倍。

普陀山现在发展至三大丛林，80余家院庵，160多个茅蓬，所以每天木鱼音声是不会断的，尤其海潮的声音是永久不会断绝的！最奇特的海潮拜浪，不管起什么风，千步沙的海潮是始终不会随风转浪的，仍然是一波一波地扑向这一边来。

有人说这是潮拜浪，无情的潮水也知道朝拜观世音菩萨。如果遇见大风激荡，那千步沙的波浪，若雷

■ 普陀山灵石禅院

欧阳修（1007年—1072年），字永叔，号醉翁，别号"六一居士"，吉州永丰人，因吉州原属庐陵郡，喜欢以"庐陵欧阳修"自居。谥号"文忠"，世称"欧阳文忠公"，北宋卓越政治家、文学家、史学家，与韩愈、柳宗元、王安石、苏洵、苏轼、苏辙、曾巩合称为"唐宋八大家"。

轰云涌，炫目震耳，来若飞瀑，止若曳练，倏然万变，不可名状。

　　"光熙雪霁"指的是光熙峰的雪后景色，普陀山难得下雪，冬天显得宁静而奇妙。雪后登临佛顶山，俯瞰光熙峰，犹如碧玉塑就，银装素裹，千树万树梨花开，山色混一，海大抵与冻云齐平。

　　茶山位于佛顶山后，自北而西，蜿蜒绵亘。山势空旷，中多溪涧。而每在日出之前，茶树林夙雾缭绕，时而如丝似缕，时而氤氲弥漫。此时此刻，如若身处其间，如梦如幻，令人遐思无限。

　　古代普陀山没有居民，山中僧人自种自食，种茶是住山僧人的一项重要劳作。每到采摘季节，众僧一齐出动，山上立时出现一种"山山争说采香芽，拨雾穿云去路赊"的繁忙景象。

　　普陀茶山之茶，被人称作"云雾佛茶"，因为此茶树多为僧人所种植，因而和山僧谈论"茶山夙雾"也别具一番情韵。

　　天门清梵，指普陀山最东端梵音洞的景观。从法雨寺经飞沙岙，过祥慧庵，即为普陀最东部的青鼓垒山。青鼓垒插入普陀洋，想必是此地常为惊涛拍崖，潮声撼洞，昼夜轰响，宛如擂鼓，故又称"惊鼓擂"。

普陀山佛教建筑

在青鼓垒山东南端有一天然洞窟，洞岩斧劈，高有百米，峭壁危峻，两边悬崖构成一门，习称梵音洞。在普陀山众多神奇的洞壑中，梵音洞的磅礴气势和陡峭危壁，为其他洞所莫及。

梵音洞山色清黔，苍崖兀起，距崖顶数丈的洞腰部，中嵌横石如桥，宛如一颗含在苍龙口中的宝玉。

两陡壁间架有石台，台上筑有双层神龛，名"观佛阁'。凡欲观览梵音洞者，先要从崖顶迂回沿石阶而下，然后来到观佛阁。据传在这里观佛，人人看到的佛都不同，即使是同一个人，也会随看随变，极为奇异。普陀山四面环海，风光旖旎，幽幻独特，被誉为"第一人间清净地"。山石林木、寺塔崖刻、梵音涛声，皆充满了佛国神秘的色彩。

岛四周金沙绵亘、白浪环绕，渔帆竞发，青峰翠峦、银涛金沙环绕着大批古刹精舍，构成了一幅幅绚丽多姿的画卷。岩壑奇秀，磐陀石、二龟听法石、心字石、梵音洞、潮音洞、朝阳洞等，都与观音结下了不解之缘，流传着美妙动人的传说。它们各呈奇姿，引人入胜，一派海天佛国景象。

阅读链接

关于二龟听法石的由来，民间一直都有两个传说。

一传，观音菩萨在说法台上讲经说法，东海龙王知道之后就派他的两个龟丞相前来听经，没想到两位龟丞相听得入了迷，再也不愿意回龙宫了。龙王知道后非常生气，就将他们化为了石头。

二传，这是雌雄两只乌龟，因为在观音菩萨讲经圣地戏闹而触怒天帝，于是把它们变为石像永远聆听观音菩萨的教诲。

四川峨眉山

峨眉山位于四川省峨眉山市境内，面积154平方千米，最高峰万佛顶海拔3099米。它地势陡峭，风景秀丽，有"秀甲天下"之美誉。峨眉山是我国四大佛教名山之一，作为普贤菩萨的道场，主要崇奉普贤大士，有寺庙26座，其中的八大寺庙，佛事频繁。

峨眉山平畴突起，巍峨、秀丽、古老、神奇。它以优美的自然风光、悠久的佛教文化、丰富的动植物资源和独特的地质地貌而著称于世。

画中姑娘幻化的峨眉山

　　从前，在峨眉县城的西门外，有一个西坡寺。有一年，一个白发苍苍的老画家在寺内留宿，住持和尚自幼喜欢书画，时间一长，就和

老画家结下了深厚的友谊。

一天，风和日丽，绿柳低垂，画家邀请和尚同游乐山乌尤寺。和尚笑着推辞说："这里离乐山有几十里路，来回要一天时间，很不方便。"

画家见和尚不去，便独自去了。不到半天工夫他就回来了，还带回来几幅乌尤寺的画送给和尚。

和尚心里十分高兴，但是同时也感到非常奇怪：为什么画家不到半天就游完乌尤寺回来了？这个谜和尚一直猜不透。

又过了几天，画家来向和尚告别，并付给食宿费用。和尚坚持不收。

画家见和尚不愿收钱，猛然想起和尚喜欢画，便拿出笔墨纸砚对和尚说："你不收钱，那我就画几张画送给你。"

笔墨纸砚 我国独有的文书工具，即文房四宝。笔、墨、纸、砚之名，起源于南北朝时期。历史上，"笔、墨、纸、砚"所指之物屡有变化。在南唐时，"笔、墨、纸、砚"特指诸葛笔、徽州李廷圭墨、澄心堂纸，江西婺源龙尾砚。自宋朝以来"笔、墨、纸、砚"则特指湖笔、徽墨、宣纸和端砚。

普贤道场

四川峨眉山

■ 秀甲天下的峨眉山

■ 峨眉山石刻

客堂 为寺院日常工作的管理中心，负责对外的联络、宾客、居士、云游僧的接待，本寺院各堂口的协调，僧众的考勤和纪律，各殿堂的管理，以及寺院的消防、治安等。客堂集外交、内务于一体，事情十分繁杂。

和尚听了，满心欢喜。

不一会，画家就画好了4幅画，每一幅上都画着一个美丽的姑娘。第一幅画的是一个身穿绿衣绿裙，头上披一条白色纱巾的姑娘；第二幅画的是一个身穿红衣红裙，头上披一条绿色纱巾的姑娘；第三幅画的是一个身穿蓝衣蓝裙，头上披一条黄色纱巾的姑娘；第四幅画的是一个身穿黄衣黄裙，头上披一条红色纱巾的姑娘。

因为古时候称美丽的姑娘叫娥眉，所以画家把4幅画题名为《娥眉四女图》。

画家把画交给和尚，并且嘱咐他："你把画放在箱子里，等过了七七四十九天以后再拿出来挂。"

画家走后，和尚想，这样好的画放在箱子里太可惜了，何不挂出来让大家观赏观赏呢？于是就把这4幅画挂在了客堂里。

一天，和尚从外面回来，忽然看见有4个姑娘正坐在客堂里说说笑笑。

和尚看着这几个姑娘很面熟、又觉得很奇怪，刚才出去时并没有见到过这几个姑娘呀，就问："你们几个姑娘是来游庙还是拜佛呀？"

4个姑娘并不答话，只是嘻嘻地笑着往外跑。

这时，和尚忽然发现壁上4幅画上的美丽姑娘都不见了，原来跑出去的4个姑娘就是画上的呀！

于是，和尚就在后面追。3个姐姐跑得快点，跑到前面去了，四妹跑得慢，落在后面。姐姐们回头一看，见四妹还在后面，就停下来等她。

这时，和尚已经追上四妹，抓住了她的裙角，要拖她回去。四妹见不得脱身，就喊："大姐、二姐、三姐，快来救我！"

3个姐姐见四妹被和尚拖住不放，就生气地骂："这和尚真不害羞！"

四妹因为隔得远，只听到"不害羞"3个字，以为姐姐们在骂她，羞得满脸绯红，无地自容，便立刻变成一座山峰。

和尚忽然不见了姑娘，面前却出现了一座大山，心想，你变成山我也在旁边守着你，反正不能放走你。

峨眉山万佛顶

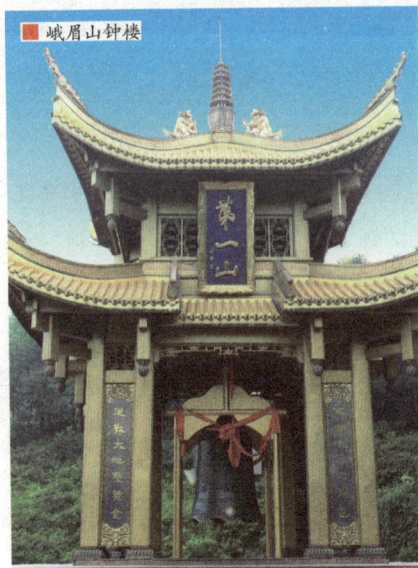
峨眉山钟楼

3个姐姐见四妹变成了一座山，也变成3座山等着她。后来，和尚死在山旁边，变成了一个瓷罗汉，仍然守着山。人们在那里修了一个庙宇，就叫"瓷佛寺"。四姐妹变成的4座山峰，一座比一座美。

后来人们就把娥眉的"娥"字改写成山字旁的"峨"字。大姐就叫大峨山，二姐就叫二峨山，三姐就叫三峨山，四妹就叫四峨山。从此，大峨山、二峨山、三峨山并肩站在一起，只有四峨山隔了一段距离。后来，人们就把这4座山峰合称为峨眉山。

阅读链接

关于峨眉山的来历，还有这样一个美丽的传说。

从前，峨眉山只是一块方圆百余千米的巨石，颜色灰白，高接蓝天，寸草不生。一个聪明能干的石匠同他的妻子巧手绣花女，决心用他们的双手将巨石打凿成一座青山。

天上神仙被他们的决心和努力所感动，就下凡帮助他们。

在神仙的帮助下，石匠把巨石凿刻成起伏的山峦和幽深的峡谷，绣花女把精心绣制的布帕和彩帕抛向天空，彩帕飘向山顶，变成艳丽无比的七彩光环，布帕飘舞在石山上，变成苍翠的树林、飞瀑流泉、怒放的山花，变成欢唱的飞鸟、跳跃的群猴和游走的百兽。因为这座青山像绣花女的眉毛一样秀美，所以人们把这座青山叫峨眉山。

佛、道、武术的交融发展

峨眉山原是道家的仙
山，春秋战国时期，一批又
一批道家人物来到峨眉山，
他们有思想、有文化、有精
神境界与追求。

东汉时，道教的张陵在
峨眉山周围地区设有"六
治"，其中的"本竹治"就
在峨眉山地区。后来，张
陵的孙子张鲁于198年增设
"八品游治"，其中的第一
治就是"峨眉治"。

至汉代，当东汉王朝通
过各种途径与西域各国进行

峨眉山万年寺

云雾缭绕的峨眉山

经济文化交流时，佛教随之传到了乐山地区。

晋代，佛教开始传入峨眉山，这些僧人在峨眉山开始修建寺庙，弘扬佛法，使峨眉山在很长的一段时间内处于佛道并存的局面，宫观交错其间，僧人、道士竞相入住。

中峰寺创建于西晋，原先是道教的乾明观。至东晋时，观中开始出现了派别纷争，高僧慧持、明果禅师等先后到峨眉山修持。

僧人明果受到菩萨的开示来到峨眉山的宝掌峰，偶尔听说观中有妖孽作怪，并经常残害愚弄百姓，明果就来到乾明观，弄清人们所说的妖孽其实只是蟒患，经过整治，乾明观附近恢复了往日的宁静。这件事对山民的影响非常大，观中的道士也对僧人明果十分钦佩。

后来，明果大师剃发游山，回蜀后来峨眉山修住，被乾明观道士迎请为住持，主持观中的各项事务。

明果主事之后便改道观为寺，观中的一部分道士也随之皈依佛门，并更新殿宇，逐步扩大寺庙的规模。因寺后的白岩峰居中，故取名为"中峰寺"。

中峰寺是山中道观改寺的初始，至后来的唐僖宗中和年间，慧通禅师将中峰寺改建后更名为"集云寺"。北宋仁宗时茂真禅师又扩建寺宇，更名为"中峰禅林"或"中峰古刹"。

中峰寺坐南朝北，为四合院式布局，进门右侧兼有跨院，中轴线对称，由前殿普贤殿、后殿大雄宝殿及厢房组成，内外施回廊。

普贤殿和大雄宝殿当心间为抬梁式梁架，其余为穿逗式，重檐滴水，歇山式屋顶，小青瓦屋面，殿前有圆月儿台连接上下踏道，素面台基高4米多，3级平台，前后高差近7米，是峨眉山难得的习静之地。

东晋时期，陆陆续续有高僧来峨眉山结茅修住，讲经布道，对佛教在峨眉山的发展起了奠基作用。

南北朝时，梁武帝萧衍崇信佛教。

相传从印度来的宝掌和尚在梁武帝时来到了峨眉山，在宝掌峰结茅住锡，取名为"宝掌庵"。

之后，又有西域僧人阿罗婆多尊者来峨眉山游历，看到峨眉山山水环合，和西域化城寺的地形极为相似，就决定在此修建道场。因当时山高无瓦，而且易冻裂，所以就用木皮盖殿，称为"木皮殿"。这时，淡然大师也在峨眉山弘传佛法。

至唐代，一些帝王支

峨眉山中峰寺

■ 峨眉山五显岗的
牌楼

宋太祖 （927年—976年），赵匡胤，我国大宋王朝建立者，出生于洛阳夹马营，出身军人家庭，赵弘殷次子。在位期间，加强中央集权，提倡文人政治，开创了我国的文治盛世，是一位英明仁慈的皇帝，是推动历史发展的杰出人物。

持并信奉佛教，带动许多下属官员，镇蜀的官吏也开始信佛，在朝廷和官府的双重影响下，四川民间的崇信佛教现象较为普遍，促进了佛教在峨眉山的发展。

这一时期，外地僧人西禅、白水、澄照、正性、灵龛和尚等相继来到峨眉山结茅建寺，传教弘法，牛心寺、华严寺等都是在这个时期建成的。

牛心寺位于牛心岭下，唐僖宗时，江陵慧通禅师将其改为"卧云寺"。

965年，宋太祖赵匡胤召开封天寿院的僧人继业三藏等去往天竺求取舍利以及《贝叶经》，继业一行从印度带回大量的经卷和佛骨舍利敬奉给朝廷，又奉令选择一座名山将这些圣物修持典藏起来。

继业周游了普天下的名山大川之后，选在峨眉山安身，并新修了一座寺院以供养终身，寺院建成后取名牛心寺。

至1369年，安徽凤阳凤凰山龙兴寺的僧人广济禅师来到峨眉山。相传广济和明太祖朱元璋交往甚密，朱元璋称帝后，广济不愿接受朱元璋的宣诏，便入峨眉山禅隐。

广济禅师根据寺周山水怀抱的天然风貌，又见亭、台、楼、阁与流水潺潺和谐相融，就取晋人左思《招隐诗》中的"何必丝与竹，山水有清音"中的"清音"两字，改寺名为"清音阁"。

由于受地形的限制，清音阁只有一个殿堂，堂内供奉华严三圣，中为释迦牟尼佛，左为文殊菩萨，右为普贤菩萨，堂前建有"接王亭"。

根据《峨眉伽蓝记》记载：

阁下旧有接王亭，王者執谓，谓御前头等侍卫海清伍格也。

左思（约250年—305年），齐国临淄人。西晋著名文学家，其《三都赋》颇被当时称颂，造成"洛阳纸贵"。左思自幼其貌不扬却才华出众。晋武帝时，因妹左棻被选入宫，举家迁居洛阳，任秘书郎。300年因贾谧被诛，遂退居宜春里，专心著述。303年因张方进攻洛阳移居冀州，不久病逝。

■ 峨眉山报国寺鼓楼

意思是说，当年，海清伍格亲王奉康熙皇帝命朝拜峨眉山，僧人为了迎接他，就拆掉旧亭，重建新亭，取名为接王亭。

清音阁是上山朝拜的必经之地，寺庙虽小，地势险要，居高临下，气势逼人，山环水绕，景色优美。整体布局体现了"自然造化，天人合一"的意境，被称为我国佛寺园林建筑的典范。

■ 峨眉山金顶普贤
金像

洞天 道教语，指
神道居住的名山
胜地。洞天就是
地上的仙山，它
包括十大洞天、
三十六小洞天，
构成道教地上仙
境主体部分，我
国五岳则包括在
洞天之内，历代
道士多往其间建
宫立观，精勤修
行，留下不少人
文景观、历史文
物和神话传说。

后来，慧通禅师发现山相属火，于是改华严寺为"归云阁"，改中峰寺为"集云寺"，改牛心寺为"卧云寺"，改普贤寺为"白水寺"，改华藏寺为"黑水寺"，以三云二水压抑火星。经过慧通禅师等高僧大德的苦心经营，为佛教名山的形成创造了条件。

相传，唐代著名的道士和医学家孙思邈曾来峨眉山采药炼丹，牛心寺后药王洞就是他的炼丹之地。根据《峨眉县志》载，被称为八仙之一的吕洞宾也曾到二峨山的猪肝洞隐居，那里的"八仙洞"就是八仙的聚会之所。

唐诗中也有许多是以道观和道士为题材的，如鲍容的《赠峨眉山杨炼士》就是其一，他在诗中写道：

道士夜诵蕊珠经，白鹤下绕香烟听。
夜移经尽人上鹤，天风吹入青冥间。

反映了唐代峨眉山道教的兴盛。

至唐宋交替时期，佛教在峨眉山的发展较快，寺庙增多，高僧辈出，影响很大，帝王也时有敕赐。唐代诗人李白的《听蜀僧浚弹琴》和《峨眉山月歌送蜀僧晏入中京》等都是脍炙人口的名篇。

在这个时期，峨眉山的道教发展昌盛，与佛教旗鼓相当，道教将峨眉山称为"第七洞天"。

至宋代，宋太祖赵匡胤和宋太宗赵光义都对佛教给予了大力的支持。

伏虎寺位于瑜伽河与虎溪汇流处，是峨眉山最大的比丘尼寺院。

伏虎寺原为一小庙，名为药师殿，由行僧心庵开建。南宋绍兴年间，行僧心庵再建。伏虎寺得名，一说寺院附近山中有虎伤人，僧士性建"尊胜幢"以镇虎患，于是改名伏虎寺；一说因伏虎寺的后山形如伏虎而取名。

清顺治年间，贯之和尚率弟子可闻大师重建寺院，历时20多年，更名为"虎溪禅林"，也称"伏虎寺"，为当时峨眉山最大的寺庙之一。

后来，可闻大师的徒弟寂玩上人在寺周广种杉树、桢楠、柏树，

伏虎寺庙宇

康熙（1654年—1722年），爱新觉罗·玄烨，清朝第四位皇帝，年号康熙，康取安宁的意思，熙取兴盛、万民康宁、天下熙盛的意思。在位61年，是我国历史上在位时间最长的皇帝，他勤政爱民，开创出了康乾盛世的局面，谥号合天弘运文武睿哲恭俭宽裕孝敬诚信功德大成仁皇帝。

■ 峨眉山金顶大象

按《法华经》一字一棵，称"布金林"。布金林古木参天，浓荫蔽日，伏虎寺整座寺院均掩映在密林之中，有"密林藏伏虎"之称。

然而，寺院的屋顶上却终年无败叶堆积。于是，清康熙皇帝赐伏虎寺"离垢园"3个字，为佛教圣地远离尘垢之意。

到伏虎寺朝圣，进入寺门便是弥勒殿，殿内供有金身弥勒佛坐像，两侧分塑四大天王坐像。弥勒殿后是韦驮殿，内有韦陀菩萨金身坐像。

普贤殿内供有普贤菩萨金身像，背龛供奉阿弥陀佛圣像。大雄宝殿内正龛上供有"三身佛"，佛像十分庄严。按照佛教的信仰，"三身佛"是释迦牟尼佛的3种不同表征，即法身佛、报身佛、应身佛。

殿内左龛供奉文殊菩萨像，右龛供奉普贤菩萨像，左右两侧是十八罗汉，后龛为观世音渡海像。

伏虎寺内有全山唯一的罗汉堂。罗汉堂高大雄伟，恢宏庄严。殿内供奉的五百阿罗汉均按照佛教传统塑造，造像生动，流金异彩，佛教氛围十分浓郁。

洪椿坪位于宝掌峰下的一片丛林之中。其中，必经90多折共计3200多级台阶的"蛇倒退"长坡才能苦尽甘来，抵达峨眉山中最佳的避暑胜地洪椿坪。

洪椿坪上建有洪椿寺，最

峨眉山石刻

初由宋代僧人楚山性一禅师所建，原名千佛禅院，也称"千佛庵"。后来在明代崇祯时期扩建，在清乾隆年间毁于大火，不得不再一次重建。因寺前有3棵洪椿古树，所以重建后的寺庙也因此被叫作"洪椿寺"。

这3棵洪椿，一棵在寺院的南面，在大火中被焚，但枯木屹立百年而不倒；另一棵在高岩边，约在百年前的一次岩崩中掉于山下；最后一棵在寺门左侧的密林中，一直郁郁葱葱，生机勃勃。

这棵洪椿的树龄至少有1500年了，被人们称为"长寿树"。洪椿属苦木科落叶乔木，可几人合抱，有10多米高。传说，洪椿树500年开一次花，500年结一次果。

洪椿坪建有殿宇三重，气势巍峨，蔚为壮观。廊庑简洁，宏阔宽敞。洪椿寺建筑面积5000余平方米，主要建筑有观音殿、千佛楼、林森小院和禅堂、僧舍等。

大雄宝殿中供普贤像，左右为十八罗汉像，雕塑俱佳。藏经楼内中存有一件宝物，那就是悬挂于楼内的一盏七方千佛莲灯，紫檀木雕

琢精工彩饰。千佛莲灯高近两米，直径一米，七方翘角，上下刻有几百尊佛像。

七方角柱上有九龙盘柱，上面还刻有云龙怪兽以及神话故事图案，八面玲珑，数百尊生动活泼的人物形象，组成一幅幅神话故事图景，是罕有的艺术珍宝。

灯上造像佛教、道教和平共处，也不多见。七方千佛莲灯设计巧妙、工艺精湛，令人称颂，是寺内珍藏的艺术珍品之一。

洪椿坪上的观音殿右前方有一泓清泉，人称"锡杖泉"。

相传，明代时的洪椿坪香火旺盛，僧众云集，寺僧人数多时可高达千人以上。但寺庙里却极为缺水，寺院住持德心禅师持杖祈祷，用锡杖凿岩引水，感动了天池的仙女，就给这里送来了一股清泉。锡杖泉四季不枯，甘甜清冽。

与此同时，峨眉山的道教也有很大的发展。许多道观，如东岳庙、玉皇观、雷神祠、关帝庙等都兴建起来。许多地名如"龙门洞"、"仙皇台"、"九老洞"、"三霄洞"、"女娲洞"、"伏羲洞"等都是以道家经典而取名。当时的著名道人陈抟曾从华山来此修行，并自号"峨眉真人"。

北宋后期，由于宋朝皇帝不遗余力地提倡佛教，在朝廷的扶持下，峨眉山开始成为"普贤道场"。

在道教兴盛发展的时候，峨眉山的佛教出现了许多宗派，但在长期流传过程中，其他宗派都逐渐消失，唯有临济和曹洞两派流传下来。

所谓的"峨眉临济气功"是南宋末年峨眉山佛教林济宗白云禅师所创立，一直在临济宗内部流行，不得外传，故称"临济气功"。

据说，白云禅师原来为道家，后转入佛门，并且对医学颇有研究。他集医、道、释、武术精华于一身，融养生、医疗、技击为一体，创造出一套独具特色的临济气功。

古代有关峨眉武术的文字记载很少，在后来明代抗倭名将唐顺之所著的《荆川先生文集》中有诗一首，题为《峨眉道人拳歌》。全诗共30行，每行七言，对峨眉拳术进行了非常生动形象的描述。

例如，诗中写道：

忽然竖发一顿足，岩石迸裂惊沙走。
来去星女掷灵梭，天娇天魔翻翠袖。

洪椿坪的木楼

蒲团 又称圆座，用蒲草编织而成的圆形扁平坐具，僧人坐禅及跪拜时所用之物。其后也有以绫锦包成者。种类颇多，厚者称厚圆座，菅草编成者称菅圆座，又有中央开洞而呈环状者。

是写峨眉山道人的个人表演，他起势蹬足，石破沙飞，足见得力量之大，接着道人行走往来如穿梭，身段玲珑，翠袖翻卷，姿势十分优美。

百折连腰尽无骨，一撒通身皆是手。
犹言技痒试贾勇，低蹲更作狮子吼。

这4句是写道人武功精深，软若无骨，伸缩、开合、变化自如；行动敏捷，臂肘之快如全身是手。

佛教名山

佛教名山的文化流芳

■ 大佛禅院石狮

余奇未竟已收场，
鼻息无声神气守。
道人变化固不测，
跳上蒲团如木偶。

这4句写道人掌握的技能很多，表演出来的只是一小部分，"余奇未竟"，怀想不绝。接着写道人跳上蒲团，立即入静，由大动转入大静，安详自然，没有过硬的功夫是绝对办不到的。

全诗记述了峨眉拳从起势至收势的整个表演过程，同时也描述了峨眉拳的身法、击法、呼吸、节奏等各

峨眉山石刻

个环节。

有文字记载的峨眉武术，始于南宋时代。南宋时期，峨眉山有个法号德源的和尚，他原是一个游方僧，武艺高强，因其眉毛为白色，世人称之为"白眉道人"。

德源和尚创编了一套拳术，称为"白眉拳"，主要流行于四川、广东、香港、澳门一带。此拳的特点是模仿山中的白猿，在草地上跳跃翻滚，舞手动脚，敏捷异常。

德源法师不仅武功非凡，而且文才出众。他收集峨眉僧道武术之长，结合自身经验，编写了《峨眉拳术》一书，是有关峨眉武术的最早的文字记载。

从此以后，峨眉山佛教才有了较为系统的武术理论和实践经验，在武林中形成了自己的体系和风格。

仙峰寺面向华严顶，背靠危崖，由洪椿坪上行约八九千米可以到

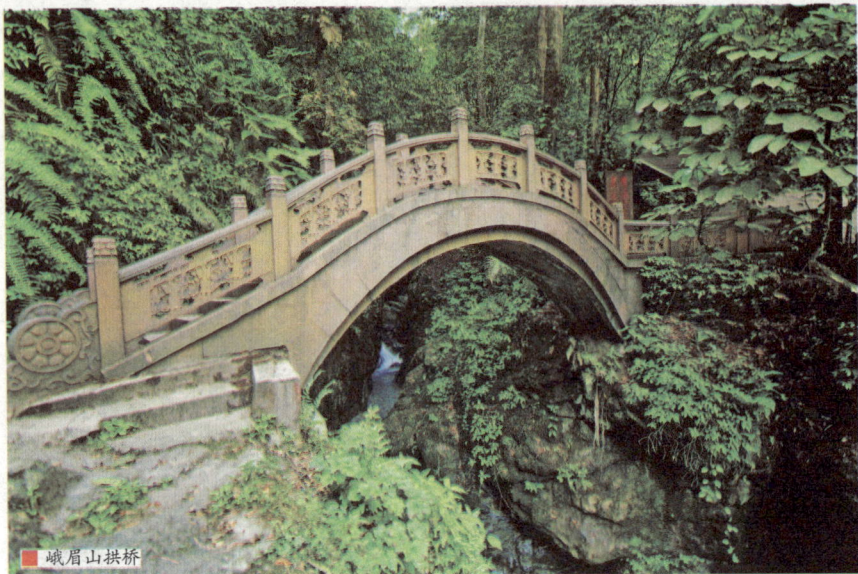
■ 峨眉山拱桥

达。仙峰寺原名慈延寺，始建于元代，初为一小庵。

明代初，寺中建有专门存放明神宗御赐大藏经的藏经楼，后来经本炯禅师扩建为大寺，名"仙峰禅林"。后来毁于大火之后再度重建，建成之后改名为"仙峰寺"。

仙峰寺的第一殿原为财神殿，后改供弥勒菩萨，称弥勒殿，最后又改回财神殿。殿上悬有匾额"仙峰禅林"，两边有联语：

问九老何处飞来，一片碧云天影静；
悟三乘遥空望去，四山明月佛光多。

殿堂内左壁悬挂有4扇木屏，简述了仙峰寺沿革及九老洞的传说。

九老洞位于九老峰下，相传是天英、天任、天柱、天心、天禽、天辅、天冲、天芮、天莲9位老人栖息之所。洞口高踞在仙峰岩，下临黑龙潭，有陡直的天然磴道通向洞中。

磴道两侧有的石桩护栏。进洞130米，洞道平均高、宽约5米，宽适易行，洞内有如乌鸦的大蹄蝠和金丝燕，成群结队。前行有石床、龙泉、仙桥等，传说是仙人所造。

主洞道尽头有一石龛，供着一尊神像。这尊石像是8世纪中叶的隋代眉州太守赵仲明，因治理岷江大渡河水患造福一方，被老百姓拥戴为川主之神，仙居其中，所以建造神像进行供奉。再前行，则为大小不同纵横错落的67个岔洞，蜿蜒曲折。

洞内的石钟乳、石笋、石柱、石芽等，或如万剑悬垂，雨后春笋。或如巨型盆景，微型石林。或如琪花蕙草，异兽珍禽。或如仙女下凡，和尚念经。俨然是一座古朴而新奇、典雅而森严的艺术宫殿。

仙峰寺的第二殿是大雄殿，殿中供奉释迦牟尼佛，两旁为十八罗汉，背面供奉阿弥陀佛、文殊菩萨、普贤菩萨、地藏王菩萨、观世音菩萨、日光遍照菩萨和月光遍照菩萨，全部为脱纱佛像。

殿内悬挂有一联：

此地有崇山峻岭，茂林修竹，峰头外布些慈云，常庇琉璃世界；

愿人出孽海迷津，名场利薮，洞口前撑来宝筏，普度亿万生灵。

第三殿是舍利殿，供奉汉白玉雕刻的药师佛像。

■ 峨眉山大雄宝殿

太守 原为战国时代郡守尊称。西汉景帝时，郡守改称为太守，为一郡最高行政长官，除治民、进贤、决讼、检奸外，还可以自行任免所属掾史。历代沿置不改。南北朝时期，新增州渐多。郡之辖境缩小，郡守权为州刺史所夺，州郡区别不大，至隋初遂存州废郡，以州刺史代郡守之任，此后太守不再是正式官名，仅用作刺史或知府的别称，明清则专称知府。

有舍利铜塔，六方七层，高3.6米，通体敷金，金光闪闪。

之后，上海龙华寺的僧人清福曾3次从越南、泰国、新加坡、印度、锡兰取回佛骨舍利、贝叶经和玉佛，并将舍利3枚、贝叶经两卷留赠在仙峰寺内，并建造舍利殿进行存放。

寺前有九莲池，四周石栏上有许多文字题刻。

仙峰寺周围生长着许多珙桐树，花呈白色，形如鸽翼，微风吹拂，翩翩起舞，是极为稀少的一种植物，被人们称为"鸽子树"。

至明代，峨眉山的道教日趋衰败，而佛教却继续兴盛发展。明太祖朱元璋曾为皇觉寺的僧人，对佛教本身就有好感，曾敕封宝昙和尚为国师，并于洪武年间派遣国师来峨眉山重建铁瓦殿。国师留蜀10年，道化大行。圆寂后，太祖赐诗两首，以昭其德。

■ 峨眉山摩崖石刻

1466年，普光殿毁于火灾，住持了鉴和尚募化，蜀王朱怀园捐资重修，历经3年修建完成。

1534年的嘉靖甲午年，慧宗别传禅师来峨眉山，在峰顶饰新铁瓦殿，创建了新殿，并铸普贤铜像一尊、铜佛65尊于金顶。

铸普贤三身铜像供奉在白水寺的毗卢殿内，在白龙洞外按《法华经》，以字计棵，广植楠柏，名为"功德林"。并铸铜钟3口，分置白水寺、永延寺、圣积寺。圣积寺铜钟最大，计1250千克，神宗朱翊钧特赐号为"洪济禅师"。

1568年，通天明彻大师来礼普贤礼佛，后在千佛顶结茅驻锡。

1573年他在天门石下建一海会禅林，安住众僧，持戒10年，道望益隆，声闻朝廷。他的弟子无穷大师，秉承师志，于万历年间云游楚蜀，募铸高12米千手千眼观世音铜像一尊，迎回峨眉。

后来赴京奏请慈宫，太后赐金敕建大佛寺，安奉大士铜像。并于万年寺侧建慈圣庵，供太后像及珍藏朝廷赏赐的经卷、袈裟、法器等物。

峨眉山万年寺山门

佛教名山

佛教名山的文化流芳

1601年，慈禧太后赐金，敕令在白水普贤寺修建宫殿，覆罩普贤愿王铜像。神宗朱翊钧御题"圣寿万年寺"额，为太后祝禧之意，白水普贤寺由此更名为"圣寿万年寺"。

华藏寺全称为"永明华藏寺"，位于峨眉山金顶主峰。金殿是华藏寺的其中一殿，所处位置最高，与华藏寺合二为一，统称"华藏寺"，俗称"金顶"。

明洪武年间，国师宝昙奉旨来山重修寺院，因山高风大，云南总兵祁三升捐资，将殿顶覆为铁瓦，俗称铁瓦殿，按察赵良壁增修。

1601年，山西五台山的妙峰和尚和唯密禅师来峨礼行普贤，发愿铸三大士鎏金像以铜殿放在几大名山，即募西蜀藩王潞安沈王朱模携得黄金数千两，送往湖北荆州监制。

历经数载，先后铸造铜殿3处：一在峨眉山；二在五台山；三在普陀山。后又奉慈禧太后旨意"赐尚方金钱，置葺梵修常住若干，命方僧端洁者主之。"

四方檀越也慷慨捐助，共襄胜举，后来神宗朱翊钧还敕赐峨眉山永延寺藏经一部。

1615年秋天，在大峨山铁瓦殿后的最高处做成了普贤愿王铜殿，铜殿通高8米多，宽4米多。

铜殿上部为重檐雕甍，环以绣棂琐窗，殿中祀大士铜像，傍绕万佛，门枋空处雕画，云栈剑阁之险，顶部通体敷金，巍峨浩漾，迢耀天地，故称"金殿"或"金顶"，明神宗朱翊钧御题横额称"永明华藏寺"。

1890年正月，铜殿毁于一炬，寺里的僧人心启、月照和尚新建约180平方米的砖木构造的殿堂，铜碑、铜门等法器放置其中，殿脊之上置以鎏金的宝顶，仍不失金顶的庄严华贵。

金顶华藏寺依山势而建，中轴线上由低到高分布着三重殿堂。

第一殿是弥勒殿。殿门上悬挂着"华藏寺"金匾，寺内供奉铜铸弥勒佛像，背后是韦驮铜像。殿内还有三足铜鼎和明万历年间的铜碑等文物。

第二殿是大雄宝殿。殿中供奉着铜质金身的三身佛，坐高3米。殿内还有铜磬、铜钟等法器以及铜铸像、铜普贤像等佛教文物。

第三殿是普贤殿，即金殿、金顶，是峨眉山最高的殿堂。殿门的匾额有金顶"行愿无尽"、"普贤愿海"、"华藏庄严"等。

华藏寺大雄宝殿

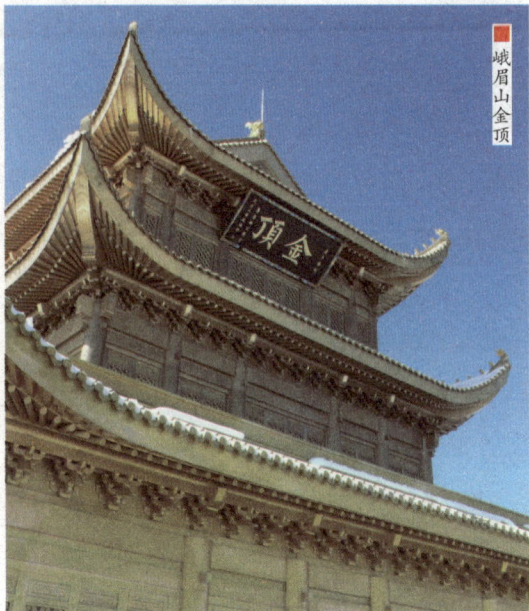

峨眉山金顶

殿内供奉普贤骑象铜像，普贤端坐在莲花台上，手执如意，莲台置象背上，白象脚踏4朵莲花。整个造像通体铜铸，通高4.5米，殿内还有铜鼎等物。

洗象池位于峨眉山海拔2千米的钻天坡上，明代时仅为一亭，称"初喜亭"，后改建为庵，名"初喜庵"。

1699年，由行能禅师改建为寺。乾隆年间由月正和尚整修寺前的钻天坡和寺后的罗汉坡道路，并将寺前小池改建为六方，池畔放一石象，以应普贤菩萨洗象之说。

相传普贤菩萨骑象经过时，白象曾在水池中沐浴，故改名洗象池，又称天花禅院，建有弥勒殿、大雄宝殿、观音殿和藏经楼等。

寺门外不远处竖有两碑，一刻"鹤迹余古雪，猿声出绿萝"字样。一刻"菩萨曾来池涌玉泉堪洗象，众生向上坡连云路好钻天"。

洗象池的第一殿为弥勒殿，殿内供奉弥勒佛像高两米，殿后为金身护法韦驮菩萨像。

第二殿是大雄宝殿，殿额是遍能大和尚所书写的。殿内供奉普贤菩萨骑象金身，两旁为十八罗汉。殿后供奉西方三圣，金身站立莲台之上，高约3米。殿内有一口铜钟，高1米，直径1米。

第三殿为观音殿。供奉观世音菩萨，两壁悬挂20幅观世音菩萨像，每幅高1.2米，宽0.8米。

洗象池的寺藏文物比较丰富，藏经楼上供有一瓷制观世音菩萨像，带座高约尺余，制作精良。同时，还有其他珍贵的文物。

洗象池原名"初喜亭"，意为到此以为快到顶了，心里欢喜。实际上，此处离金顶尚有15千米。此处属高寒地带，雨雪多，故而其殿矮小，并用铁皮盖房。

洗象池风景很美，寺周冷杉枝繁叶茂，每当云收雾敛，碧空万里，月朗中天，月光透过冷杉林，映入池中，水天一色，宛若置身云霄，令人气爽神怡。

这一带常有猴群出没，僧人以慈悲之心待之，人与动物和谐相处，其乐无穷。

在佛教兴盛发展的同时，峨眉山的武术也在集百家之大成，迅速地发展着。

明末清初的武术家吴殳所著的《手臂录》一书，对峨眉的枪法进行了较为详尽的论述。

峨眉山万佛顶

吴殳又名乔，号仑尘子，江苏人。少年酷爱武术，曾从朱熊占学习峨嵋枪法，从渔阳老人学习剑法，从郑华子学习马家枪法，对各种兵器都有研究。

至清代，吴殳不求仕途，专攻武术，并著书立传。他的《手臂录》一

华藏寺大雄宝殿

书，是以精确解释各种枪法而著称的。

他在此书中论述峨眉枪法说：

西蜀峨眉山普恩禅师，祖家白眉；遇异人授以枪法，立机空室，练习两载，一旦悟彻，遂造神化，遍游四方，莫与驾并，枪法一十八扎，十二倒手，攻守兼施，破诸武艺。

在峨嵋枪法中，有治心、治身、动静、攻守、审势、形势、戒谨、扎手、倒手、破诸器、身手法等技法，大大丰富了峨眉武术的理论。

明代中晚期和清初，由于朝廷和地方官吏支持佛教，峨眉山修建寺庙很多，全山无峰不寺。

从报国寺至峨眉县城，沿途也有山上各寺院修建的脚庙，如圆通寺、保宁寺、菩提庵、圆觉寺等，这些虽是附属小庙，但也有属于自己的庙名，并各为一寺。

而在同时，道教却在峨眉山趋于衰落，许多道观改为佛寺，出现了与佛教合流的趋势。

明万历年间修建的纯阳殿，是当时最大的道观，观内供奉吕祖、三霄之像。但是至清代的乾隆年间，观内已无道士居住，被僧人所占，峨眉山开始成为清一色的佛教天下，是佛教在峨眉山的鼎盛时期。

清代顺治时期，贯之和尚率弟子可闻等在伏虎寺旧址重建"虎溪精舍"。后来，川省大僚捐资重建伏虎寺，历时20多年完成，殿宇十三重，宽敞辉煌，冠于全山。

康熙帝爱新觉罗·玄烨曾亲笔御题"离垢园"3个字悬于寺内，寓意佛门圣地远离尘垢。

1702年，康熙钦派一等侍卫海青等到峨眉山降香。康熙帝赐给峨眉山大批经卷及匾额、楹联、诗文。赐降龙院"普贤愿王法宝"玉印

峨眉山观音殿

一枚和"善觉寺"额，并赐住持元亨诗一首，以示褒奖。元亨即改降龙院为"善觉寺"，并在院内建亭供奉玄烨像，以报国主恩。

1745年，乾隆皇帝为千佛禅院洪椿坪御书"性海总涵功德水，福林长涌吉祥云"的联语。清代中晚期以后，峨眉山佛教逐渐衰落，许多僧人赴外缘佛事，为施主转咒、拜忏、放焰口等，从事应教活动。

从以上事实可以看到，宋代以前，峨眉山佛道共存。但至明代，佛教在峨眉山呈蓬勃发展势头，几乎无峰不寺，信徒日众。相比之下，道教则受到冷落，道士只好下山。在峨眉山释道关系中，曾出现两次将二教融为一体的尝试，具有典型意义。

然而出现二教融合的尝试并不是偶然的。因为佛教自东汉传入我国以后，释、道、儒三教经长期交流，早已是你中有我，我中有你。尽管如此，各教所据经典毕竟大有不同，所以"融为一体"的愿望最终未能实现。

佛教名山

佛教名山的文化流芳

阅读链接

遇仙寺始建于清代同治年间。关于遇仙寺的得名，还有一个美丽的民间传说呢。

据说古时候有一个人去峨眉山求仙，走到这里，遇一砍柴的农民对他说："清闲无为便是仙，为何走上峨山？"说罢便隐身不见。

此人知道遇上神仙了，心满意足地返下山去。后来和尚便在这里修建了一座寺庙，取名叫"遇仙寺"。大家可以在这里歇歇脚，体会一下"清闲无为便是仙"的哲理。

峨眉物种与神奇的武术

　　峨眉山终年常绿，动植物资源极为丰富，向来就有"古老的植物王国"的美称。峨眉山植被茂盛，且随着地势高度而变化，据统计，植物多达3700多种。

峨眉山万年寺

■ 峨眉山牛心亭

少林 我国武林的泰斗，是我国人们从佛习武的代名词。少林武功更是博大精深，藏经阁内收集了三十六路拳脚十八般兵器。少林武术，是中华武术的重要组成部分，少林派是我国武术中体系最庞大的门派，武功套路高达七百种以上，又因以禅入武，习武修禅，又有"武术禅"之称。

峨眉山由于特殊的地形、充沛的雨量、多样的气候和复杂的土壤结构，为各类生物的繁衍、生长创造了良好的生态环境。

在峨眉山生长的植物中，有被称为植物活化石的珙桐、桫椤，有著名的峨眉冷杉、桢楠、洪椿，有品种繁多的兰花、杜鹃花等，还有许多名贵的药用植物和竹林。

这些植物为峨眉山披上秀色，还给各类动物创造了一个天然的乐园。峨眉山有2300多种野生动物，其中有珍稀的熊猫、黑鹳、小熊猫、短尾猴、白鹇鸡、枯叶蝶、弹琴蛙、环毛大蚯蚓等。

峨眉山猴群见人不惊而且与人同乐，已成为峨眉山中独具一格的"活景观"。峨眉山灵猴学名藏猕猴，也叫藏酋猴，因为它们尾巴只有0.06米至0.1米，比一般猴子的尾巴要短很多，因此也叫"短尾猴"。

许多野生猕猴不时出没于路旁，拦住人们索要食物，也为人们增添了不少乐趣。峨眉山野生自然生态猴区，是我国目前最大的野生自然生态猴区。

峨眉山作为著名的旅游胜地和佛教名山，有着许多优美的自然景观。

峨眉山层峦叠嶂、山势雄伟，景色秀丽，气象万千，其中圣积晚钟、罗峰晴云、灵岩叠翠、双桥清音、白水秋风、洪椿小雨、大坪霁雪、九老仙府、象池月夜、金顶祥光等被称为峨眉山的十大著名景观。

峨眉武术，千百年来以其独特的风格立身于中华武术之林，广为流传，历久不衰。与少林派、武当派相比较，峨眉派武术的风格和特点是什么呢？

事实上，峨眉、少林和武当三派武术都遵循着"体用兼备，内外皆修"的原则，但是在具体实践上，又各具特色，尤其在内外、刚柔和长短3个方面更是各有专长。

武术界一般认为，少林以攻架见长，多用长手，被称为外家拳术。武当以呼吸见长，以静制动，多用短手，被称为内家拳术。而峨眉派的特点介于两者之间，力求内外并重，刚柔兼备，长短并用。

峨眉武术要求动功与静功并重。动功有"十二庄"：静功有六大专修功：虎步功、重锤功、缩地功、悬囊功、指穴功、涅槃功。

其中，尤以指穴功"三十六式天罡指穴法"最有威力，既可以按

■ 峨眉山行愿楼

■ 峨眉山佛像

摩治病，又可以防身制敌。

"十二庄"和天罡指穴法同属峨眉临济气功的内外功法。临济气功是南宋峨眉山金顶临济宗的白云禅师所创立，一直在佛门内秘传，民间知者甚少。

峨眉十二庄，是根据人身经络气脉的平稳与否，施展个别的架势、气运和观照等法术，以达到祛病延年和防身制敌对目的。

十二庄又分别标名，可分别称之为天字庄、地字庄、之字庄、心字庄、龙字庄、鹤字功、风字庄、云字庄、大字庄、小字庄、幽字庄和明字庄。十二庄还分为文武两势和大小练形法。

祛病强身者可以练习文势和小练形法，以达治病之目的。体格健壮者可以直接练习文武两势和大练形法，这样一方面可借此功为他人诊治疾患；另一方面还可借此功防身制敌。

点穴 根据经络脏腑的生理病理变化在人体相关穴位上可产生一定的反映的原理，在技击中用拳、指、肘、膝等骨梢之强固点来击打人体上的某些薄弱部位和敏感部位即主要穴道，使其产生麻木、酸软或疼痛难忍，失去反抗能力，造成人体伤亡，从而制服对方的一种武术技击术。

天罡指穴法是在动功峨眉十二庄的基础上发展起来的。它融气功、按摩、点穴、布气和武功为一体，又可以称为"气功导引、点穴、按摩法"。

此法分小导引、大导引。小导引主要用于治病兼救治气功偏差；大导引主要用于救治气功偏差兼及治病。要使指穴法产生满意的疗效，必须有十二庄的深厚功力，又能明了经络在里表两支循环运行的规律及其盛衰偏胜的观症不可。

此法用于武功自卫方面，可以点穴制敌。据传，当初创立此气功流派时，曾多次与其他流派较量，此功屡胜不败，被公认为气功中最高明的一套。

峨眉武术，除拳术和气功之外，还包括器械。峨眉器械中，十八般兵器样样都有，刀、枪、剑、戟、斧、钺、钩、叉、鞭、锏、锤、抓、镗、棍、槊、棒、拐、流星。

钺 我国古代武器及礼器的一种，为一长柄斧头，重量也较斧更大。早在新石器时代良渚文化遗址中，已发现玉制的钺，在当时具有神圣的象征作用。后因形制沉重，灵活不足，终退为仅仅用途，常作为持有者权力的表现之用。

■ 峨眉山铜鼎

■ 峨眉山雪景

青城派 道教内
丹修炼的派别，
青城派发源于我
国道教的发祥地
青城山，起始于
青城丈人，又有
李八百等人习传
之。青城丹法的
"无为"修持集
中体现在历代的
口诀上，即"守
无致虚"。其中
分三个层次：初
步入手功夫为
"守中致和"；
第二步为"了一
化万"，第三步
为"万化归一，
一归虚无"。

在普天下的武林中，峨眉武术的剑术和枪术最为
著名。峨眉剑起于何时，无从考证。峨眉剑是峨眉僧
人在"白猿剑二十四法"的基础上发展起来的。

它除了具有一般剑法轻松潇洒，优美大方的特点
外，还特别注意实践，着眼于点、劈、刺、撩的发
劲，动作严谨，衔接巧妙，招式凶猛，方法独特。
其特点在于击法明快，剑法多变，以快为上，以巧
取胜。

总之，在技击上，峨眉武术强调手脚灵快，以柔
克刚，借力使力，以窍打人。应当说，内外并重、刚
柔相济、快巧结合，则是峨眉武术的基本特点。

峨眉武术在其长期发展过程中产生出许多门派，
每一个门派在拳术和器械的使用上都有自己的特点和
风格。

清初，峨眉山白龙洞的湛然法师著有《峨眉拳
谱》一书，书中写道：

一树开五花，五花八叶扶，
皎皎峨眉月，光辉满江湖。

这4句诗是描述当时峨眉武术门派林立，兴旺发达的形势。所谓"五花"的花是从流行的地区而言，五花即指流行于不同地区的5个流派。

所谓"八叶"的叶是指拳术技击风格而言，八叶即8个具有不同拳术风格的门派。五花八叶扶，意味着5个不同地区的流派和8个拳术门派是犬牙交错，相互影响，相互支持的。

峨眉武术流行于四川不同地区的5个武术流派分别是流行于成都地区的黄陵派、流行于川东地区的点易派、流行于川西地区的青城派、流行于川北地区的铁佛派、流行于川东地区的青牛派。

峨眉武术按拳术技击风格形成的峨眉拳术的八大

峨眉刺 我国的武术器械之一，短双奇兵器，又名峨眉针，峨眉对刺或双锋挝。据传说"峨眉刺"为古代水战中使用的一种格斗短兵械，可在水中作刺杀或潜入水底凿穿船底之用，后改为陆上应用。相传峨眉刺为峨眉山一位僧人发明，故得名。

■ 峨眉山伏虎寺

■ 峨眉山溪流

佛教名山的文化流芳

双铜 我国古代兵器之一，也称"简"，武术的短器械。铜因其外形为方形有四棱，形状相同，因得其名。铜为铜或铁制，长为四尺，铜由铜把和铜身组成，铜把有圆柱形和剑把形二种。铜身为正方四棱形，铜粗约二寸，其后粗，愈向其端愈细，逐步呈方锥形。铜把与铜身连接处有铜护手，铜身有棱而无刃，棱角突出，每距六七寸有节。

门派是"僧、岳、赵、杜、洪、化、字、会"。僧门指峨眉山佛教所创立的武术门派。

此门特点是拳、掌、肘、腿并重，高桩长手，以前虚后实的含机桩式为主。拳术有火龙、练步、大连环、虎豹、六通等，以火龙拳为代表。器械有峨嵋双钩、双匕首、峨眉刺、棍、刀、铁尺等。

岳门的拳术相传是由岳飞所授的，所以称为"岳门"。出拳时，前手需外旋成圆，有"不画圆不成拳，敌方手来无法拦"之说。此门以矮桩见长，出手较重，强调靠身打法，面对面迎战敌手。

拳种有金锁手拳、游禽拳等，器械多用棍，以对打为主。

赵门的拳术据传具有宋朝开国皇帝宋太祖的拳术风格，故称"赵门"。此门技击方法与少林武术有联系，讲究翻滚跳跃，舒展大方，善用腿功。拳种有梅花肘、黑虎拳、奇门拳等，器械有勾镰、双刀等。

峨眉武术的杜门相传是在清朝乾隆年间，善擒拿术的江西武术大师杜观印，曾来四川向此门派传授擒拿术，故称"杜门"。杜门讲究跌法，主要以破坏对方的重心取胜。拳术有问津拳、鹞子拳等，器械有枪、棍、大刀等。

洪门的代表为洪拳，颇有名气，在四川流传甚广。洪拳的特点是正门攻敌，大开大合，重手重脚，刚劲有力。洪门除洪拳外，还有大八仙、火焰烧山、燕青红等拳种。器械有棍、五秀刀、蟠龙枪等。

化门也称"蚕闭门"。蚕，指行拳时如蚕之吐丝，连绵不断。闭，指应敌时紧封敌手，避实就虚。此门的特点是"掌不离肘，肘不离怀"，发拳时每一手挠头钩挂，手脚轻快。化门的代表拳种是"三十六闭手"。俗称"天罡星三十六"，也是四川南拳。器械有双锏、棍、白鹤单刀等。

峨眉武术的字门是此派拳术的收势，必摆成规定的"之"字形或"一"字形而得名的。字门的特点是，攻架起伏较大，腿法少，出拳时用鼻发声。拳种有：九锤拳、七锤拳、八卦力、亭子功、定子功等。

会门也称"慧门"，与字门的拳术动作相仿，主张"观师默

峨眉山古桥

像"，因此迷信色彩较浓重。其代表拳种为神拳，此拳内练气功，外练拳技，以达强身御敌之效果。

峨眉武术的以上8个拳派虽然风格各异、特点不同，但是能够相互取长补短，共同长进。如洪门虽有大开大合，刚劲有力的特点，但又兼学化门的小巧柔化，多用手腕的风格。

至清代，峨眉佛教发展到鼎盛时期，而道教却日趋衰退，出现了佛道融合的形势。在这种形势下，峨眉武术也有新的发展，不断产生新的门派。例如，峨眉子午门武术的创立就是佛道融合的一个典范。

峨眉子午门武术，是清末峨眉山的神灯长老与清虚道人所共同创建的。僧道二人苦心磨砺，共同探讨少林、武当和峨眉三大派武术的精华。清虚道人目睹神灯长老童颜鹤发，武艺精湛，便拜长老为师。

师徒俩将三派武术精华融为一体，自成一派。此派内则练气，以静制动，外则练力，体壮筋强。由于这种武功多在子午二时辰练习，故称"峨眉子午门"。

子午门的创建和形成，充分体现出峨眉山僧道两家为发展峨眉武术携手并肩，同心协力，互相切磋，不断创新的风气。

阅读链接

圣积晚钟是峨眉山的一大著名景观，铜钟原悬挂于寺内宝楼上，铸于明代嘉靖年间，由别传禅师募化、建造，此钟铜质坚固，重达1.25万千克，相传为当时四川最大的一口铜钟。

据《峨眉山记》载："其钟每于废历，即农历晦望二日之夕敲击，每一击，声可历110秒。近闻之，声洪壮；远闻之，声韵澈；传夜静时可声闻金顶。"

后来，铜钟迁到了报国寺对面的凤凰堡上，并建亭覆盖进行维护。凤凰堡上参天蔽日的苍杉翠柏，庄重典雅的八角攒尖钟亭，环绕四周有百余通碑刻的古碑林，与古朴凝重的巨钟浑然一体，融合了自然美与人文美，堪称一大景观。

安徽九华山

九华山位于安徽东南部，面积120平方千米，是我国佛教四大名山之一。它是"地狱未空誓不成佛"的地藏王菩萨道场。

九华山古称陵阳山、九子山，因九峰形似莲花，唐天宝年间改名九华山。山间古刹林立，香烟缭绕，古木参天，灵秀幽静，现存寺庙78座，佛像6000余尊，素有"莲花佛国"之美誉。

安徽九华山气势雄伟，气候宜人，自然风光和人文景观融为一体，还有"东南第一山"之称。

地藏道场的形成和发展

在安徽池州东南部，有一山西北隔长江与天柱山相望，东南越太平湖与黄山同辉，名为九子山。

约在1世纪，佛教开始传入我国，公元67年，东汉明帝刘庄遣使去西域大月氏迎请沙门摄摩腾、竺法兰两人，用白马驮载佛像、经论，

九华山山门

■ 九华山化城寺

并在洛阳城雍门外建造了佛寺，便是洛阳白马寺。

他们在寺内翻译佛经42章为汉文，这是我国建立佛寺、译出佛经的开始。

但是当时的法律规定不许人们出家，即使个别人出家也要经特别许可。官府建造的少量佛寺，主要是为了满足来自西域的僧人在宗教信仰上的需要。

东汉时期，长江流域的经济刚出现上升趋势，至三国东吴建国时才有所发展。西晋末年，北方战争频仍，大量的汉族人由黄河流域南迁，带来了比较先进的生产技术，使南方生产水平有了显著的提高。

两晋时期，佛教虽然有所发展，但江南梵刹除东林寺外寥寥无几。

南北朝时期，门阀士族大力提倡佛教，南齐的竟陵王萧子良是佛教的虔诚教徒，曾经下令封闭包括九华山在内的宣城、临城、定陵的数百里山林水泽，

士族 又称门第、衣冠、世族、势族、巨室、门阀等。门阀，指世代为官的名门望族，门阀制度是中国历史上从两汉到隋唐最为显著的选拔官员的系统。士族的渊源可以追溯到先秦时期的"士"阶层，"士"阶层是我国古代社会中具有一定身份地位的特定社会阶层，后演变为对知识分子的泛称。

■ 九华山牌坊

严禁百姓垦荒、樵采和渔猎。

梁武帝萧衍在天监年间宣布佛教为国教，僧尼人数剧增，大造佛寺，出现了"南朝四百八十寺，多少楼台烟雨中"的情景。但当时的九子山还是一片原始的荒莽山林，尚无佛教寺院出现。

隋统一我国之后，结束了南北纷争、封建割据的局面。文帝杨坚极力促使南北方佛教合流，并加以推广。安徽境内也出现了大量的名僧、大寺，佛教开始在九子山发展起来。

唐代时，九子山的佛教进入鼎盛时期，佛教也因此开始兴盛起来，僧人相继进山开辟道场。据唐代费冠卿的《九华山化城寺记》记载，僧人檀号居化城峰，诵经说法，广度信徒。

据《安徽通志·佛门龙象传》《神僧传》《九华山志》等书记载，九子山佛教的开创者释地藏，俗姓金，名乔觉，是新罗国人，出生于新罗国王近属的王室贵族家庭。他身高7尺，头顶有奇骨耸出，貌恶而心慈，聪颖过人，才力可匹敌10人，24岁祝发为僧。

费冠卿 字子军，池州人，唐宪宗元和中前后在世。屡试不第，久留京师，作感怀诗，有"家书十年绝"之句。后隐居在池州九华山。823年，殿院李行修举其孝，诏拜右拾遗，不赴。冠卿著有诗集一卷，《全唐诗》传于世。

后来，金乔觉从新罗航海来华，携白犬一只，卓锡九子山。他睹兹山于云端，自千里而劲进，披榛援葛，跨峰越壑，得谷中之地，面阳而宽平，其土黑壤，其泉滑甘，于是居住在东崖峰的岩洞里，岩栖洞汲，过着清苦的禅修生活。

757年，山下的长老诸葛节等人结伴登山，一路只见深山峡谷，荆榛莽莽，寂静无人。到东崖见岩洞内唯有释地藏孑然一身，闭目端坐，旁边放着一个折足鼎，里面盛着白米掺杂白土煮的剩饭。

诸葛节等人见到这般光景，大吃一惊，说和尚如此苦行，是我们往日未有供养和尚的过错。于是共同筹划兴建禅舍，供养地藏，并发心修建化城寺，请金地藏离洞居住。

此后，地藏具备了收留徒众常住寺内的条件。他的大弟子、首座僧胜瑜，身体力行，斩荆披棘，率众垦荒，凿渠开沟，造水田，种谷物。同时挖山塘为放生池，也用以蓄水灌田。他们劳动自给，坚持苦修。

化城寺是九华山地藏菩萨道场的开山祖寺，位于九华山的中心谷

九华山凤凰松

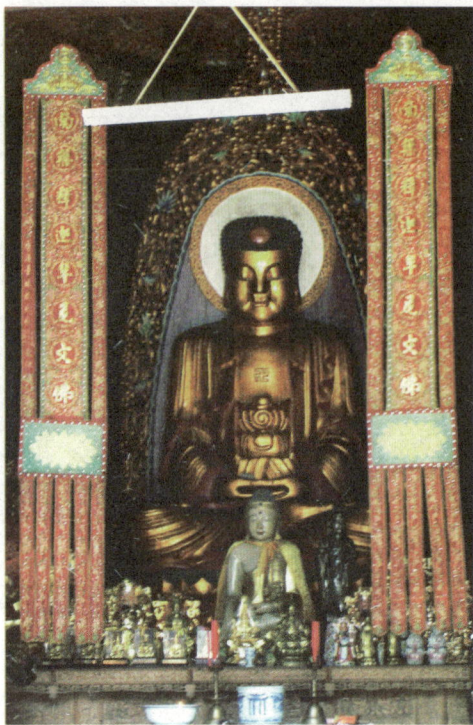
■ 九华山地藏菩萨

地，谷地南有芙蓉峰，北有白云山，东为东崖，西为神光岭，四山环围，俨如城池。

化城寺始建于757年，寺庙建成之后，金地藏应请自石室迁来居住。不久后，上首僧胜谕进一步扩充寺域，增建台殿、山门、放生池、供经台等。

唐德宗特敕赐寺额名为"化城寺"。明宣宗、神宗、清圣祖、高宗都曾颁藏经，或御书匾额，并赐金修葺。

后来，化城寺除藏经楼外，寺宇皆毁于兵火。经过修葺过后的殿宇依山而建，由低向高递进，"丹素交彩，层层倚空"，十分壮观。

化城寺分四进院，除藏经楼外，其他均是后来的清代增建的。以前，藏经楼不仅收藏有经书、诏书、宸翰真本，而且有据说还有地藏穿过的袈裟、高约5尺的毗卢佛铜像、定光佛铁像、数枚铜质方印、重约数百千克的铜质独角兽、刻有地藏菩萨像的紫黑色石碑等珍贵文物。

后来，寺中佛像文物多被毁坏，只存有古钟一口，重约1000多千克，藏经楼内又有白玉佛像、明版《涅槃经》、血写《华严经》等。

城池 又称为城郭，"城"指城墙，是古代的一种军事防御建筑，城池依等级的不同，可分为府级、县级、厅级等。一般来说，层级越高，规模也越大，配置的官方建筑也不同。

化城寺寺前的广场上有一个千年古塘，应该是《九华山化成寺记》中所说的"相水攸涿者，为放生池"的放生池。

781年，池州太守张岩因仰慕地藏，施舍甚厚，并且奏请朝廷准许建造佛寺，被赐名为化城。郡内的官吏和地方一些豪绅士族，纷纷以师礼皈依地藏，向化城寺献予大量财帛。

从此，地藏道场名播四方，连新罗国的僧人也慕名而来，这是九华山佛教初创的兴盛时期。

九华山佛寺始终保持着中国式佛教的传统。但地藏本人及其弟子们究竟属那一宗派，无法考证。

有的认为地藏拜诵《华严经》，应属华严宗；有的佛教徒认为地藏本身就是菩萨，超越了宗派范围，不应属任何宗派。以后的历代名僧，据其传记，他们多数属于禅宗或净土宗。

诏书 皇帝布告天下臣民的文书。在周代，君臣上下都可以用诏字。秦王政统一六国，建立君主制国家后，自以为"德兼三皇，功高五帝"，号称皇帝，自称"朕"。并改命为制，令为诏，从此诏书便成为皇帝布告臣民专用文书。汉承秦制，唐、宋废止不用，元代又恢复使用。明代用诏书宣布重大政令或训诫臣工。

129

地藏道场

安徽九华山

■ 九华山瀑布

再据建筑存在的情况来看，各寺院、茅庵都属于禅宗，而又多数是临济宗，少数为曹洞宗。僧尼修持有坐禅，有念佛名号，有研究戒律，或讲授经论，也都是禅宗和净土法门，可称为禅净兼修。

785年，僧地藏圆寂，跏趺石函，3年后体貌如生，僧众视为地藏菩萨示嘲又因其俗姓金，尊称"金地藏"。九子山从此辟为地藏道场，香火不绝。

金地藏圆寂之后，他的弟子们建立了肉身塔供养。肉身塔殿位于神光岭上，也称"南台"。肉身塔的原塔为三级小浮图，后人复以木塔笼护，外建高殿以挡风雨、壮观瞻。千余年来，塔殿兴废相替，屡有修葺。

肉身殿呈方形，宽长各16米多，高约20米。殿顶用铁瓦覆盖，并由回廊内外20多根石柱支撑。重檐斗拱、画栋雕梁，风铎叮当，十分壮美。殿前廊下高悬"东南第一山"的金字匾，前后门的门楣上方竖挂有"肉身宝殿"青花古瓷匾。

殿内中央肉身塔，笼护木塔为七层八角形，高17米，内壁用赤金贴写《地藏本原页经》，外壁

■ 九华山三藏塔

涂以朱漆，每层每面均设佛龛，龛龛供奉地藏和尚金色坐像。木塔内是石砌的三级肉身塔，殿内两侧分列十王金色立像。

殿内地面、塔基、神座皆用汉白玉或铺或砌，浑然一体，既给人圣洁之感，又用极强的反差衬托出木塔、金像的辉煌庄严，塔前悬挂的镂空八角琉璃灯长明不灭。

肉身殿是九子山的开山祖坟所在地，与化城寺同为地藏菩萨道场的法事重地和中心建筑，是进山僧尼和信士的必到之处。每逢地藏和尚的生日和成道日，僧尼、信士便蜂拥至此上供，不舍昼夜守塔、绕塔诵经礼拜。

紧接着，九子山周围陆续兴建了天台寺等20余座寺院。唐代继新罗僧地藏之后，有影响的僧人有胜瑜、道明、智英、道济、卓庵、悟化等。

唐天宝年间，诗仙李白曾多次游览九子山，睹此山秀异，九峰如莲花，触景生情，在与友人唱和的《改九子山为九华山联句并序》中说道：

妙有分二气，灵山开九华。

佛教名山

佛教名山的文化流芳

■ 九华山菩萨塑像

因此，"九子山"改为了"九华山"。

化城寺建成之后，人们在金地藏苦修的地方修建了天台寺。后来，絜瓶僧经常从罗汉墩来此与地藏晤谈，并留有"金仙洞"。

至宋代时，高僧宗杲笔下的天台寺已经是"踏遍天台不做声，清钟一杵万山鸣"了。后寺废毁，明洪武年间的居士陈履泰捐资，由住持僧昭莲主持重修，但十分简陋，仅是"茅屋几间草色青"。

明代嘉靖年间，寺僧玺玉，巡山护林，几十年如一日，享年110岁，其事迹流传甚广。

清代康熙年间，僧尘尘子重建，名曰"活埋庵"。至清代中叶，天台峰周围的48座寺庙已形成"八刹"，香火甚旺。

■ 九华山弥陀殿

在到达天台寺前，左有龙头峰，右有龙珠峰，对面十王峰。

龙头峰下为青龙庙，在门旁骈立如屏，又名玉屏峰。龙珠峰又名天台网，上有一块巨大滚圆的岩石，名"龙珠口"。

传说九华是"活的龙脉"，青龙居此高处，这颗"龙珠"则是它戏耍的宝物。十王峰迎面而来，谓之"十王朝地藏"。

寺前岩壁上，有"非人间"等巨字摩崖石刻。寺门在龙头峰、龙珠峰间的渡仙桥下，由桥底登石阶10余米，即进入寺门，拱形桥上的横梁上镌刻有"中天世界"4个大字。

天台寺全寺由3组居民式殿堂组成，横卧岭凹间，东面以峰脊屏障，南以玉屏台作为墙身，西南和北面以突兀的面。殿宇的底部架空，下置蓄水井。

摩崖石刻 人们在天然的石壁上摩刻的所有内容，包括上面提及的各类文字石刻、石刻造像，岩画也可归入摩崖石刻。摩崖石刻有着丰富的历史内涵和史料价值，而且许多摩崖石刻为政治或文化名人所题，书法精美，具有珍贵的艺术价值。

整个建筑借高耸的悬崖峭壁来隐蔽，御防风寒，又十分坚固。山门在大殿山墙南面，是一直径3.4米的卷拱下洞，进深4.2米。

进寺门，过弥勒像后，一目了然，三进殿堂通连，宽敞、明亮、整齐。大殿也叫万佛楼，宽10米，深13米，各种木质佛雕像悬满梁间，被香火熏得似铁铸佛像。

出弥勒殿角小门，上岗头，可见岩石上有一凹下的巨大脚印，传说为地藏足迹，有路可行至捧月亭。

亭建在龙珠峰上，高丈许，呈六角形，于清乾隆年间用花岗石雕琢而成。亭内列石雕佛像、神台，前设石凿香炉。旁有平台，四周是悬崖绝壁，有铁栏杆环护。

前人池州太守李鉴溪曾作有《捧月亭赞》以记其胜。称在台上可以捧月，能摘星、揽月，是观月出、看云海的佳境。

栏杆下一尺多处的悬崖下有"猕猴石"。从寺后小门可到天台最高处云峡。两块巨大岩石，并峙如门，只容一人通行。

右边岩石上直镌"云峡"两个字，左边岩石横琢"三线天"3个字。在此处看日出，观云海，无比瑰丽、壮观，形成了九华山"天台晓日"的胜景。

九华山菩萨像

每逢晴天，伫立在云峰之上，于拂晓前凝视东方，启明星尚未坠落，曙光初露。眨眼间，一轮红日踏出山巅，天地一片光明，"九十九峰"清晰可辨，如在眼前。置身其中，确有

"一莲峰簇万花红，百里春阳涤晓风，九十莲华一齐笑，天台人立宝光中"的美妙感觉。

至唐代末年，新罗僧人净藏在双峰下建双峰庵，后人又称新罗庵。观音岩住有卓庵和尚，传说他神通广大，被视为神僧。

天祐年间，南阳里有一卧龙和尚，原官居常侍，隐其名，只知姓李，见唐室危亡，遂入九华山，削发改装，自称"卧龙和尚"，于山麓南阳里筑茅庵数间，命名为"卧龙庵"。

五代时，有居士甘赞舍庄园建造龙门寺，又在拾宝岩的住宅建寺，给一位曾经降伏猛虎的伏虎禅师居住，名为"伏虎寺"，后改名为"圆寂寺"。

南唐时，有圆证禅师居住卧云庵。此时山上的名僧并不多，九华山的佛教出现了衰微的迹象。

两宋时期，九华山的佛教略有发展。除先后修复唐代建造的佛寺庵院外，新建了净居寺、圣泉寺等6座，使九华山的寺庙增至25座。朝山进香的善男信女日渐增多，香火日趋兴旺。

爱慕九华山风光的文人雅士、达官显贵也接踵而至。唐宋八大家之一的王安石在游览九华山时，曾寄宿在主刹化城寺内，并题《宿化

九华山大悲宝殿

城寺》诗：

白云如驱羊，满谷不可量。

散作兜罗棉，中藏宝月光。

山窗夜闲静，时闻叶鸣廊。

僧房杳清寂，佛炉篆余香。

南宋名臣、学者周必大，遍游九华山之后也撰写了《九华山录》。他游化城寺，称赞殿宇宽敞。登神光岭谒地藏塔，徐步阶前，至塔后远眺大江，并和守塔和尚品茗论茶，盛赞九华山茶色味俱佳，品得皇室所赐的名茶。

文人吴梦祈，在"春树连村，早莺唤人，绿水浮云，紫烟绕谷"的景色中，寻访李白的游踪。他和游伴在太白书堂前，横琴花间，吟诗作歌，又举杯畅饮。

酒醉后到溪边俯视清流，枕石而卧，说自己坐与李白同石，卧与李白同梦。

傍晚，凉风起天，落日照耀云海，群峰如海上岛屿。山云薄暮，江色映秋。他们又"酌白酒，顾影起舞，浩歌以待明月"。

后来，宋代朝廷给佛教以适当的保护，以加强国内的统治力量。宋南迁后，由于江南地区的佛教基础比较雄厚，朝廷财政又有利于度牒征费及免除税役等收入以作为补充，因而佛教还能保持一定的盛况，这个情况一直持续至宋代末年。

由于地处江南的九华山区处于宋代的保护措施之下，故九华山地区的佛教得到了进一步的发展。据统计，宋代九华山的寺院在晚唐和五代的基础上发展至40多座。

其中前山和后山新建著名寺院有净居寺、圣泉寺、广胜寺、广福寺、天台寺、翠峰寺、曹溪寺、龙安院、五台院、永福寺、兴教寺等，先后被朝廷赐额的有12座。以化城寺为中心开始出现"宝塔香灯诸洞见，石楼钟磬半天闻"的兴盛局面。

天台高处也陆续建成一批寺院，一些在当时很有影响的禅师来山传法，如临济宗杨歧派高僧宗杲，

度牒 僧道出家，由官府发给凭证，称之为"度牒"。唐宋时，官府可出售度牒，以充军政费用，也称为祠部牒，是绫素锦素钿轴，就是品官所用的纶诰。僧尼持此度牒，不但有了明确的身份，可以得到政府的保障，同时还可以免除地税徭役。

九华山麒麟雕刻

曾来山传临济宗法。宗杲圆寂后，九华山僧徒尊其为"定光佛"。

此外，宋代九华山僧人中有影响者还有玉田、寂祖、云泽等人。在元朝建立之后的短短90年间，由于元世祖孛儿只斤·忽必烈信仰佛教中的喇嘛教，曾拜西藏的喇嘛为帝师，除在京城内外有较多的喇嘛寺外，其他汉民族居住地的佛教并没有太大的发展。

而九华山的佛教则依旧是"庆云生处梵王宫，蹑蹬攀萝一径通。金殿忽开青嶂里，天人疑在白云中"，基本上保持了宋代时的状况。同时还新建了一批寺庙，如西峰堂、成德堂等。当时比较有名的僧人有智津、如理等。

至元代末时，有真观和尚以临济禅师的身份来九华山，曾住持化城寺，人称"无象禅师"。

佛教名山

佛教名山的文化流芳

阅读链接

据说诸葛节拿出自己的家产为金地藏建造寺庙的时候，特意从南海请来了一个木匠和一个画师。画师是木匠的女儿，长得异常妩媚，手艺也极精。

后来有个财主看上了她，多次派人来说媒，并说："造好了寺庙，愿意嫁去更好，不愿意去也得去。"

寺庙造好了，父女俩知道这财主会来抢人，就用木头雕了一个和女儿一样的木头人，手脚都会动。女儿绘上色彩，将木头人和自己打扮得一模一样。他们将这个木头人立在住房中的窗户边，第二天天不亮，就动身回南海去了。

这天中午，财主领着一帮人来到寺前，从窗外一看，见"画师"立在窗前，立即进房去请，不料被木头人戏耍了一番，又羞又气，只好灰溜溜地溜回去了。

明清两代佛教的鼎盛时期

明代之后，鉴于元代崇奉喇嘛教的弊端，朝廷开始转而支持汉地佛教，使其得到恢复和发展。因而喇嘛教在汉族地区渐衰，而禅、净、律、天台、贤首诸宗都得到了恢复和发展。

从16世纪至17世纪，明皇室对九华山的佛教进行了多方位的扶持。1391年，明朝廷特赐金重修化城寺，并建立丛林制度，使得九华山的主刹化城寺

九华山百岁宫

逐渐发展为拥有东西两序72座寮房的大丛林。

1422年，明成祖朱棣封妙峰寺妙广和尚为"护国瑜伽上师"，并赐金斓表，敕封净居寺住持圆慧为"大度禅师"。

1427年和1583年，又屡次赐金修葺主刹化城寺和肉身宝殿，并先后颁赐了两部《藏经》，同时还赐予了量远和尚紫衣，优宠备至。

1457年，化城寺的主持道泰和尚殁于寺内，因道泰和尚生前曾奉旨进京，在紫禁城外的万寿寺任戒坛宗师，所以景宗朱祁钰特派遣使者持他的"谕文"专程上山致祭，可谓哀荣已极。

■ 九华山万佛塔

明王朝的重视，促使九华山的影响越来越大，常住山上的僧众也日益增多，朝拜九华的佛教徒岁无虚日，香火越加兴盛。

至此，九华山已同山西的五台山、四川的峨眉山、浙江的普陀山并称为我国佛教的四大名山，其"香火之旺，甲于天下"。

祇园寺位于九华山东崖西麓的迎仙桥东，是九华山四大丛林之

首，始建于明代嘉靖年间，原名为"祇树庵"。

■ 九华山佛寺景物

清代嘉庆年间祇园寺缺少住持，一度出现了衰颓的迹象，于是诸山的长老们议定迎请禅居伏虎洞20多年的隆山和尚来山住持。

隆山率弟子大根等人在祇园寺聚众说法，开坛受戒，大兴土木，重建殿宇，其规模为全山寺院之冠，将一座萧条古寺变成了"十方丛林"，于是改名为"祇园寺"。

同治年间住持僧大根重建，增设戒棚，安单接众。后来，又在住持僧宽扬的带领下募建了大雄宝殿，成为当时九华山的四大丛林之首。

祇园寺由灵官殿、弥勒殿、大雄宝殿、客堂、齐殿、库院、退居寮、方丈寮和光明讲堂等9座单体建筑组成，建筑面积5175平方米，除弥勒殿和大雄宝殿属宫殿式建筑外，其他殿堂都是民居式建筑。

住持 佛教僧职，又称方丈、住职。原为久住护持佛法之意，是掌管一个寺院的主僧。禅宗兴起后寺院主管僧人称为住持。据说佛教传入我国后的几百年间只有师徒之间以佛法相授受，并无住持一职，直到唐代，禅宗兴盛，门徒日众，百丈怀海禅僧始立住持制度，以维持寺院秩序。道教也称道观中的负责人为住持。

■ 九华山祇园禅寺

祇园寺全寺殿宇层层叠叠，回旋曲折，结构精巧，气势磅礴。其中最有特色者是灵官宫殿，它是我国佛道融合的一个文化象征，从寺院构造上就已表现出来。

祇园寺第一进殿堂不是天王殿，而是灵官殿。龛内站立灵官，周身金黄铠甲，赤面红须，圆睁怒目，大张嘴巴，额头上还有一只小眼睛，据说是"三眼能观天下事"。

灵官右手高举钢鞭，左手攥拳，作械斗姿势，形象十分威猛。神龛左右为哼哈二将，均是怒目圆睁的赳赳武夫，如临大敌。

王灵官本是道教护法神，为何又成佛教护法？

相传宋朝末年，一位新科状元不信地藏菩萨灵验，当他在肉身殿看到地藏肉身时，手拿铁锥锥菩萨的腿，心想是真的就淌血，不出血就是假的。一锥下

哼哈二将 原先是佛教中的金刚力士。哼哈二将手中拿着金刚杵，是保卫佛国的两个夜叉神，也就是两位把门将军。哼将叫郑伦，得度厄真人真传。只要鼻子一哼，就可以吸取他人的魂魄，一招制敌。哈将叫陈奇，肚子里面有一道黄气，只要哈出这口气，敌人就会呆如木鸡，魂魄被吸，陷于死地。

来，血水直淌，状元慌得转身就跑。

护法神韦驮巡山回来，一看菩萨腿上流血，忙问怎么回事。当他得知新科状元铁锥验真假的事后，怒气冲冲下山捉拿来。菩萨不允，但韦驮执意要去。

菩萨心想状元已过五溪桥，便说："如果状元过了五溪桥就算了。"

韦驮化作一阵清风追赶状元，可状元早过五溪桥了，韦驮难解心头之气，还是追了上去，手举杵落，打死了状元。韦驮回到殿内，地藏菩萨见韦驮不遵"法旨"，杀生伤命，于是辞退韦驮，改聘王灵官来护法。

当然，这只是一个神话传说，灵官塑像出现在佛士殿堂，大约是金元以后的事。

金元时，全真的创立者王重阳主张儒释道三教合一。他说："儒门释户道相近，三教从来一祖风。"又说："释道从来是一家，两般形貌理无差。"

道教的神给佛教看门，原因即在于此。

祇园寺有一条浮雕莲花甬道，由100多块长方

状元 科举时代称殿试第一名为状元。在唐朝，举人赴京应礼部试者都必须先投状，因称居首者为状头，所以也有状元之称。科举考试以名列第一者为"元"，乡试第一称解元，会试第一称会元，殿试第一称状元。

■ 九华山六合亭

143

地藏道场

安徽九华山

形石条铺砌而成。每块石条均有等距相同的浮雕图案3个，左右金钱古币滚圆，纵看似两串金钱。中间一路方形图案，像一条斗方画图，三步一朵盛开的荷花。

其他画面，有菡萏出水，有蜻蜓戏莲叶，有青蛙伏于莲茎下，生动有趣。

佛寺建筑以莲花雕饰甚多，盖因僧人对"七宝莲池"琉璃世界的憧憬。古钱铺路，为一般寺院少见。这种特例出典于佛经的一段故事。

相传当年释迦在摩揭陀国说法时，舍卫城给孤独长者皈依佛门，长者准备请释迦到家乡说法，于是选园林建造精舍。

当时唯有波斯匿王家的祇陀太子园林最佳，但要以黄金铺地为优，给孤独不惜重金买下。后来祇陀皈依佛，自动将园林献出，请释迦到此说法。

■ 九华山佛像

■ 九华山寺庙台阶

于是这座园林的名字便冠有他两人名氏，合称"祇陀树给孤独园"。祇园寺甬道刻满金钱，是为了象征释迦圣迹。

祇园寺寺门门楼宽5间，高3间。门头3层廊檐，覆盖金黄色琉璃瓦，飞檐高挑，檐角龙头伸头吐舌，有行云之势。梁栋雕饰彩绘，精致异常，有玄奘取经、水漫金山、渭水垂钓等神话故事。门额墙壁上，镶嵌着白底青花图案组成的"祇园禅寺"寺名瓷匾。

祇园寺寺院全部建筑分布在四层台基上。

第一层台基高5米，坐落着灵官殿、弥勒殿、客堂、斋堂和退居寮。其中的弥勒殿，中间靠龛内端坐"笑口常开，大肚包容"弥勒佛，"一钵千家饭，孤身万里游"，是他的两句偈语，两侧是四大天王塑像。

第二层台基高两米，筑大雄宝殿。大雄宝殿高35

水漫金山 我国古代传说白蛇娘子与许仙一见钟情后，就结为夫妻。法海和尚见到许仙面带妖气，就把他带到金山寺藏到法座后，白蛇娘子带领小青来寻夫，法海不许。白蛇娘子无奈只好与法海斗法，于是水漫金山，法海搬来天兵天将来对付白蛇，将白蛇压在雷峰塔下。

■ 九华山寺庙

獬豸 传说中的一种野兽。据说，它独角高额能分辨是非曲直，见到有人相斗会用角"触不直者"，听到有人相争，会"咋不正者"。后来被战国时的楚王所捕获，照其形象制成衣冠。秦灭楚国后，将该冠赐给御史佩戴，遂称为"獬豸冠"。以后，这冠就又成了法官的代名词。

米，阔25米，进深19米。檐间有"大雄宝殿"4个大字，下层檐下也悬挂"大雄宝殿"金字。

在大雄宝殿的金黄琉璃瓦顶上的正脊、水线上都饰有堆花彩瓷的天王、罗汉像，或动，或静，或坐，或行，形态各异。狮、獬豸等"厌胜"物列于其间，殿脊、水线两端均饰以青花细瓷的鱼龙正吻，飞檐四角悬有八双镂空花篮，檐下有17处雕花斗拱，交相辉映，富丽堂皇。

大雄宝殿内，正面有高约12米的三世佛，分别是释迦、阿弥陀和药师佛，背后有状如火焰的佛光，脑后置明镜，闪闪发亮，座下是碧绿莲花座，下有须弥座，雕刻精细。

台下有青花古瓷一对，锡质、镶金烛台高达近3米。供桌四柱为龙抓珠，正面中间有两根立柱，雕着力士扛顶，正面横刻"唐僧取经"故事的大面浮雕，外嵌玻璃罩护。

边缘有凤凰来仪、金色九龙盘珠。上有香炉、五供，金黄铜磬，重约200千克，铿锵有声。大钟和皮鼓悬在大殿两角。正中悬挂着镂空八角的龙凤琉璃灯，又叫少灯、长明灯、灯光长明，地面铺陈一米见方青砖。

佛像前为主持法会的和尚礼佛跪拜处，以岩石雕制，长1米多，宽近1米，周围刻汉文花边，内刻两朵莲花、三茎莲叶、三节藕，下有水波起伏，刻制十分讲究。佛像的头饰并非僧帽，而是"发髻"。额头有一块光滑红色装饰，谓之"肉髻"。

大殿后墙两侧向左右延伸，依次排列着文殊、普贤和十八罗汉的金身坐像，文殊、普贤居释迦左右。文殊坐骑青狮，示狮子威猛。

头结五髻为"五智"。手持宝剑，为智慧利剑，

琉璃灯 用玻璃制作的油灯，多用于寺庙中。也是花灯的一种，采用木架结构，纱和琉璃料器，宝石等作为装饰，中有转心的大型灯具，主要用于节日庆典。琉璃灯于殿堂梁栋间为涌壁，上作诸色故事，龙凤喷水，蜿蜒如生，为诸灯之冠。

■ 九华山寺庙

■ 九华山禅寺

李靖　古典神话小说《封神演义》和《西游记》中人物，家住陈塘关，有三子一女，为金吒、木吒、哪吒和贞英。后修道成仙，晋升为仙班。因为右手中常托玲珑宝塔，又被称为"托塔李天王"。李靖身穿铠甲，头戴金翅乌宝冠，左手托塔，右手持三叉戟，还会使用宝剑。

谓之"智慧威猛"。普贤骑白象，手持如意、荷花，是"义理圆通"的象征。

顺序列坐的十八罗汉，也称"十八尊者"。十八罗汉有怒目作法、降龙伏虎的，有温良典雅、捧读经卷的，有凝眸沉思或托腮假寐的等，各具神态，栩栩如生。

三世佛像背后，有一组群像，高30米，宽7米，塑的是起伏的山峦和波涌的大海，称为"海岛"，上有各种人物及动物塑像。赤脚立在鳌鱼头上的观音像居中，玉女侍立于左，金童合掌参拜于右。

旁有小船，"龙宫"上方有持金刚杵的韦驮，握在刀的"伽蓝"，托宝塔的李靖，最高处正中间有一个瘦骨嶙峋、抱膝蹲坐的人，那是释迦在雪山苦修六年时的形象。

其他高不盈尺的上百个小像，主要由佛教"五十三参"故事中的人物组成。

故事说有一善财童子往南方求道，参拜了53位师父，最后被观音收为弟子。这些塑像有老僧，有穿红着绿的儿童，有身裹兽皮、赤发绿面的人，有泰然自若的，有张皇四顾的，有盘膝打坐的，也有做奔走状的，神情各异。

第三层台基高6米，有方丈寮和库院。

第四层台基高3米，上筑敞门两层楼的光明讲堂。整座建筑依山就势，鳞次栉比，布局紧凑，层次分明，寺院周围有山崖、松林、溪流，环境优美，引人入胜。

东崖禅寺位于九华山东峰顶，坐落于巨岩之上。在此可眺望长江，俯视九华镇，仰观天台顶，环顾九华群景。佛国风光，一览无余。

明代正德年间，有僧人周经在化城寺旁结茅，并

罗汉 阿罗汉的简称，最早是从印度传入我国的。意译上有三层解释：一说可以帮人除去生活中一切烦恼；二说可以接受天地间人天供养；三说可以帮人不再受轮回之苦。即杀贼、应供、无生，是佛陀得道弟子修证最高的果位。罗汉者皆身心六根清净，无明烦恼已断。已了脱生死，证入涅盘。堪受诸人天尊敬供养。

■ 九华山寺庙雕像

建"晏坐堂"，以祀金地藏。

心学大师王守仁曾两次来这里与周经谈经论道，相契甚深，并互有题赠。万历年间释普通因石崖位于化城寺之东，所以把晏坐堂改名为"东崖精舍"。明代末期，扩建了大雄宝殿和天籁轩。

清代，住持定慧重修了大雄宝殿，并建造了万佛楼、地藏殿和禅堂。后来，释心舟主持修建了僧寮，名为"走马通楼"，高达5层，可容数百人，安单接众，遂成十方丛林。

清末，月霞禅师应聘任东崖禅寺方丈。禅师领众参禅，设坛讲经，四方僧众慕名而来，常住多达数百人。同时又于翠峰寺创办华严道场，推行僧伽教育，修学并重。继月霞禅师之后，心坚法师住持东崖禅寺。

佛教名山的文化流芳

■ 九华山佛像

九华山远景

在此期间，心坚法师创建了东崖下院和法华寺，大力开展弘法活动，数次出任九华山佛教协会理事长和安徽省佛教协会的理事长。

东崖禅寺的石崖东有古洞穴，深数米，宽3米。洞口堆云如雪，故取名"堆云洞"，是金地藏初至九华山时栖身之所。洞上之东岩，巨石方正，金地藏常于石上诵经观景，晏坐清修，故此石有"晏坐岩"之名。

石崖之西、南两侧有摩崖石刻。南侧之"飞身处"传为金地藏出入东崖之处。西侧的"云深处"、"云舫"、"赠周经和尚偈"为王阳明手书。当云涌之时，远望此岩，形如巨舫，故有"云舫"之誉。"东崖云舫"为九华山十景之一。

东崖的西北有一水泉，当年地藏于洞中被毒虫咬伤，当时有一女子来到跟前说："少儿无知，愿出泉补过。"然后指引西北一石便眨眼而去。

金地藏揭石见泉，泉水清澈甘美，以泉洗伤，即刻痊愈。后知为

钦差 明清时的一种临时官职。钦，意为皇帝，钦差即是皇帝差遣之意，因此钦差大臣是指由皇帝专门派出办理某事的官员。因为钦差代表了皇帝本人，所以地位十分了得，担任该官职的往往都是皇帝信得过的高官，能得这个职位本身就是一种荣誉，一般事情办完复命之后，就会取消此官职。

■ 九华山建筑

龙女所助，"龙女泉"由此得名。

百岁宫位于九华山摩空岭，又名"插霄峰"上。百岁宫初名"摘星庵"，又名"万年禅寺"。百岁宫是九华山第二座肉身殿，供无瑕禅师肉身。

据寺前碑记载，明代万历年间，河北宛平僧海玉和尚，号"无瑕禅师"，由五台山游至九华山，见此地九峰如莲，便在摩空岭摘星亭结茅布道，起名"摘星庵"。

无瑕禅师在此，长年以野果为食，不食烟火熟食，并用舌血和金粉，费时20余年，抄写《大方广佛华严经》，81卷，至今保存完好，为国家文物一级藏品。

无瑕圆寂于1623年，享年110岁，世称"百岁公"。逝前嘱弟子3年后启缸，弟子将其遗体跏趺缸中。

■ 九华山天梯

过3年后，恰逢王钦差来山进香，夜见霞光，因与无瑕弟子启缸视之，见无瑕结跏趺坐，肉身不腐，颜面与生时无异，弟子遂将肉身涂金保护，在庵内供奉，并奏闻朝廷。

1630年敕封无瑕为"应身菩萨"，并题额"为善最乐"，赐无瑕肉身塔名"莲花宝藏"。同年，无瑕弟子慧广和尚于此建佛殿，造戒堂，立方丈，安单接众，易"庵为寺"。正因为万年寺是为纪念百岁公无瑕和尚而兴建的，因此又名"百岁宫"。

至后来的清康熙年间，百岁宫毁于大火，之后多次进行修葺和重建，命名为"万年禅寺"，创成"十方丛林"，无瑕和尚的肉身也移至殿内供奉。

1879年，僧人宝身主持重建并赴京请《藏经》一部。光绪末年再次遭火，幸扑灭及时，未造成重大损失，无瑕肉身、明清帝王所赐的金章、玉印和《血

玉印 以玉为材质雕制成的印章。玉类印材其实是我国古代印章中除青铜之外，影响最大、使用最广泛的一种。古人谓"石之美者为玉"，它除了指老山玉、新山玉之外，还包括翡翠、水晶、玛瑙、琥珀等。我国用玉制印，始自东周而盛于汉。玉本身珍贵，有其独特的审美价值，玉印篆刻艺术后来又逐渐形成诸多风格与特点。

九华山古拜经台

经》等完好无损。

寺院内的无瑕和尚肉身重上漆、贴金，塑三如来、十八罗汉、弥勒佛、韦驮诸像。之后又建造了五百罗汉堂，供奉五百罗汉坐像，像高1.3米。

百岁宫是典型的皖西民居寺院，5层高楼融山门、大殿、肉身殿、库房、齐堂、僧舍、客房和东司为一整体，没有单体建筑的配置，远观恰似通天拔地的古代城堡，这种形制在我国寺院建筑中极少见。

百岁宫的布局，充分利用由南向北下跌的坡势，楼层由低爬高，层层上升，形成曲折幽深、恢宏多变的迷宫。

从正门下面看大殿，它只是一层楼，而大殿东侧的厢房是两层楼，通高只有10米，但从它的后门看，东侧墙高达55米，为5层楼。而屋顶只是一个完整的皖南民居式有天井的四落水顶。

寺下不远处有一山亭，亭内原供皆大欢喜形象的弥勒佛。佛经上说弥勒住在兜率天，所以小山亭的题额为"兜率院"，颇有以山亭作为寺门之意。

穿过山亭便至峰顶，石库式的大雄宝殿门上方，悬挂着"敕建万年寺，钦赐百岁宫"楷书寺名竖题。寺门前，两边平房对称，中间是一块呈长方形的坪地。

墙壁上镶砌着清雍正、乾隆等年间的碑刻10余通，有诗刻，有《藏经》、修寺院、捐献"功德"等碑记刻石，其字迹有魏碑、正书、榜书、馆阁体小楷。

西边一排平房，为香积厨、库房等。东边数间平房，临崖而建，屋内悬有古钟，谓之钟房。钟为铜质，重约1000千克，钟面突出铭文和花纹图章。此钟也称"幽冥钟"。撞钟和尚边念钟上的文字边撞钟，特环往复，日夜不停。

这种布局在其他的寺庙中是非常少见的，由大殿侧门可进入同一楼层的肉身殿，供奉着装金无瑕和尚肉身。和尚头戴莲花宝冠，身披朱红袈裟，头部大小与常人相似，身躯已干缩如孩童，端坐莲台之上。这

■ 九华山云官殿

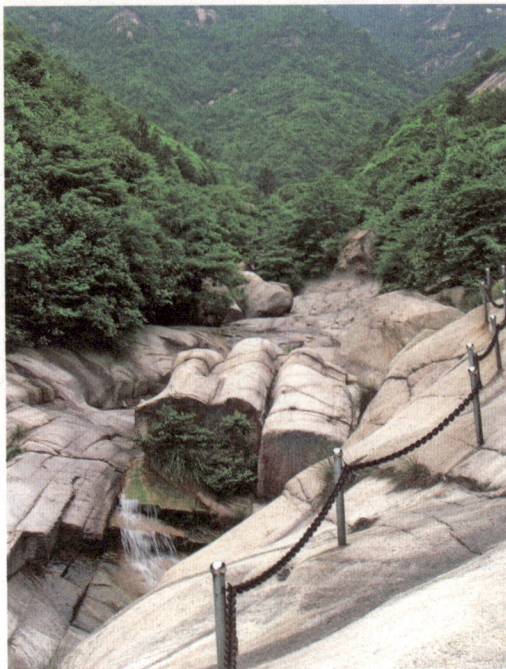

九华山凤鸣谷

种金身，置于空气中已有350多年，依然不腐。

大殿4个楼层内有巨岩横陈，有磐石镶嵌，岩石与建筑，建筑与山峰有机结合，巧夺天工，令人叹为观止。

清代佛教的政策几乎是完全继承明代。清代帝王虽然对喇嘛教十分推崇，但对汉地佛教也极力崇信。世祖顺治曾召玉琳国师到京说法，并命选僧1500人受戒，以示对汉族地区佛教的扶持。

其次，清圣祖康熙和乾隆曾多次出巡常住名山巨刹，并赋诗题字、撰制碑文，表示对佛教的浓厚兴趣，还多次派遣官员专程上山向地藏致祭，屡赐重金修缮化城寺，钦赐御笔匾额。

此后，九华佛教又有了进一步发展。寺庙林立，僧伽云集。化城寺的寮房增至72家之多，又自称禅院，各立门户。僧人多达三四千人之众，金地藏可谓是"身后沙门多似沙"了。

1858年，太平军与清军激战于九华山，许多佛寺禅院毁于战火。战后，清朝朝廷出于政治需要，扶持佛寺的恢复。光绪年间给甘露寺、百岁宫等寺3次赐予《龙藏》各一部。地主绅商及善男信女竞相捐输，

碑文 指刻在竖石上的文字，这种文字是专为刻碑而作。碑文这种体裁有文，有铭，又有序，没有固定的格式，有的则不题碑铭等字，直书文章题目。有些文章虽刻在碑上，但不是为立碑而作的，就不能叫作碑文。我国的碑文历久悠久。

佛寺、精舍修复很快，还陆续出现了一些茅蓬小庙。

祇园寺、东崖寺、百岁宫等大的丛林又恢复了"受戒法会"、"讲经法会"，开坛讲授戒律和《法华经》《地藏经》等，并刻补经书雕版，印刷发行。各寺都恢复"水陆法会"等宗教活动。

康熙年间，朝廷派包衣昂邦赫奕、内侍李环、太仆寺少卿格尔芬到九华山进香，"赐银三百两"。次年又赐御书"九华圣境"。

旃檀林是化城寺十二寮房之一，由4座厅堂式民居和宫殿式大雄宝殿组合而成。

东为僧房和斋房，敞厅堂，3层楼阁，有内落水小天井。西为云水堂，敞厅四开间，两层楼，小天井。僧房和云水堂之间为前厅，内用板壁隔成弥勒殿和韦驮殿，进深20.5米，殿两侧是两层楼阁。

太仆寺 我国古代官署名。秦汉九卿中有太仆，为掌车马之官。历代沿置。北齐定制。隋唐均沿其制。宋马政原属群牧司，元丰改制，依前代成例，归属太仆寺。南宋时太仆寺归兵部。辽设，金不设。元马政机构很多，太仆寺仅辖其中部分。明掌牧马之政令，属兵部，并另于滁州设南京太仆寺。清朝太仆寺主要从事牧马政令。

■ 九华山东崖禅寺

九华山巨石

韦驮殿前有两个小雕像。其中一个一手拿着薄如纸的小酒盅，另一手摇关破芭蕉扇儿，笑盈盈，喜哈哈，手舞足蹈，似酒醉归来，逍遥自在，他就是济颠和尚，另一个是疯僧，赤足，手挥拂尘，左肋下夹着一把扫帚。

韦驮殿里，韦驮身着铠甲，手扶金刚杵，面对大雄宝殿佛像而立。

弥勒殿里供"西方三圣"，又称"阿弥陀三尊"，即西方极乐世界的教主、三世佛之一的阿弥陀佛，他有13个名号，是净土宗的主要信仰对象。加上左边的观世音菩萨，右边的大势至菩萨，合称为"西方三圣"。

从韦驮殿向左，进门又是一幢楼阁，楼上佛堂敞，楼下厅堂高大，古色古香。厅前天井狭长，左右为库房、僧寮。由韦驮殿向右，进角门穿过楼间小巷，是又一组楼堂。

楼下3间敞厅，屏风后和左右两端有10间客房，楼前天井，上有巨幅壁画，为"墨龙行云图"，龙首向下喷水，鲤鱼向上跳跃，也称"鱼龙变休图"，左右上方还有"芦雁秋景"、"秋菊傲霜"和春兰、冬梅等小品图画。古雅清幽，可供观赏。

在两厢楼柱间，有唐玄奘

率孙悟空、猪悟能、沙悟净西天取经的雕像，4人风尘仆仆，远道而来，各自伫立于廊下一角，好像等待寺中住持和尚出来迎接款待，十分有趣。

穿过一石板铺地，洁净如洗的长方形天井，就可达大雄宝殿。大雄宝殿高18米，宽11.5米，深15.5米。仰观大殿，铁黑色葫芦矗立在正脊中间，鱼龙尾翘在两边。重叠的飞檐，条条鱼龙飞来，装点得八角殿更加壮观。重檐间绘着青狮彩凤。

四周廊柱上，雕有"八仙"人物像：跛足蹒跚的铁拐李，腰间葫芦摇晃；风度翩翩的吕洞宾，潇洒自如，春风满面，袒胸露腹的汉钟离，须髯飘洒，手摇宝扇；倒骑毛驴的张果老，手击渔鼓，欲唱一曲"道情"；身穿官服的曹国舅也赶来檀板轻敲。

还有仙人刘海，喜盈盈地在戏弄金蟾，这些都是道家神仙。

殿前廊下左右钟鼓高悬，古钟重在上千千克以上，镏金大字闪烁有光。廊下和佛幡前有黑底金字楹联和泥金雕花楹联。

■ 九华山地藏禅寺石柱

镏金 我国古代劳动人民在生产劳动中总结创造的工艺，始于战国，是把金和水银合成的金汞剂，涂在铜器表层，加热使水银蒸发，使金牢固地附在铜器表面不脱落的技术。

第一联说道：

林下相逢祇谈因果，
山中做伴莫负烟霞。

又一联说道：

把臂入林可复有太白联吟阳明打坐，
现身说法恍然悟新罗月满南海波澄。

说的是李白游九华，吟诗联句。王阳明上九华山，在东崖晏坐，已为陈迹。所说"新罗"即金地藏，相传农历七月十五是其生日，正值月满。"南海"指观音，普陀山为"南海观音道场"，与九华山齐名，都谓之"菩萨道场"。

佛像座前一联说道：

九华山寺庙大钟

奉双亲参礼九华，
喜今日旃檀林中便是极乐世界；
愿一心长持半偈，
想当年菩提树下用何等刻苦功夫。

这是出自在家信佛的居

九华山华严宝殿

士之手，以示其虔诚。

殿堂正中供奉着释迦牟尼佛像，两旁侍立着是阿难、迦叶。两侧是观音、地藏像，观音像两侧有"金童"、"玉女"，地藏像两旁有闵公、道明侍立。

大殿的两侧依墙而塑的十八罗汉，与祗园寺的十八罗汉各有千秋，自台基以上至殿梁间，塑的是大海波涛，十八罗汉或立、或坐、或昏睡，或惊异，他们形象各异显神通，在惊涛骇浪里稳如泰山。

鳌鱼、龙、鳖、虾、蟹、蚌之类水族都在他们脚下，为其效劳。水面上还有一只空荡荡的"法舟"，最高处还有佛龛、宝塔，仿佛是海上奇观。

大殿中的佛像均用生漆夹纻法制成。一枝花茎能擎两三丈的塑像。佛像制作工序较为复杂，预先雕刻好能分能合的木质佛像模型，拼合成一整体，外缠纻麻布，涂上生漆、铁砂调和的涂料，如此重复。

九华山吉祥寺

雏形制成后，将模型一块一块抽出来，然后刮净磨光，贴上赤金制成的金箔，金光闪闪的佛像就制成了。它具有防潮、防腐、防蚁蚀等优点，适宜于雨水多、云雾浓、湿度大的江南山区。九华山佛寺中，这种造像较多。

大殿两侧是花厅，两层楼，有花院，名"山中天"。墙下依地势砌成花圃，种花植草。旁有山泉一眼，用石条砌成一方池，清澈见底，晶莹如镜。

院落窄长，因花厅前檐高约10米，走廊宽2米多，长5米多，扩大了空间，所以视野十分开阔，是名副其实的"山中天"。

花厅5间，中间两开间为敞厅，两端和屏门后有房间，与二楼、三楼共有16间卧室，为接待贵宾下榻之处。敞厅装有玻璃隔扇，雕刻着各种神话故事。

闲坐厅堂，便可欣赏神光岭、芙蓉峰上方木苍翠，白云袅袅，群鸟飞翔的景色，悦目清心，实为福地洞天。

1667年，玉琳国师奉旨进香九华山，见九华山山水环拱，于是在九华山化城峰半山腰建立了甘露寺。

传说在动工前夜，满山的松针尽挂甘露，人称奇迹，又因《法华经·药草喻品》中写道：

释迦说：我为大众说甘露净法。

佛教名山

佛教名山的文化流芳

阿弥陀佛又有"甘露如来"和"甘露王"的称号，他化身说法时就有"澍甘露之雨"的话，于是定名为"甘露寺"。

甘露寺地处山腰，又是北路朝山必经之地，寺院宽宏，佛像众多，茂林修竹，环境优雅，因此香火十分旺盛，有洞安和尚在此两度登坛的说法。乾隆年间住持僧优昙开坛传戒，成为丛林。

甘露寺全寺由3组民居式建筑与宫殿式大雄宝殿组合，依山而建，高达5层，琉璃瓦顶，金光闪耀。

该寺为不规整布局。北面的韦驮殿和知客堂两组建筑布置在高2.5米的台基上，3层阁楼，其中知客堂墙上开四层窗户，实际只有3层，开设顶层窗户，增加了层次感。

韦驮殿南为高15米的大雄宝殿，前有伴廊，殿身筑在6.8米的台基上，大殿东为两层走马通楼，内天井，进深22米，宽15米，楼层上下分别为祖师殿、方丈寮、禅堂和客房。

进入大门后，从山门的侧门出，转向上坡十数级台阶，再从侧面进入大殿，有明显的空间层闪感和明暗变化的效果。寺内有3个天井，上百个外窗，屋面为硬山两落水或四落水，而大殿为歇山顶。

甘露寺全寺殿宇宽宏，楼阁整齐，背倚青山，前有流水，极富诗情画意。古人宿此寺中，曾有"屋角泉声落，床头岚气过"、"到

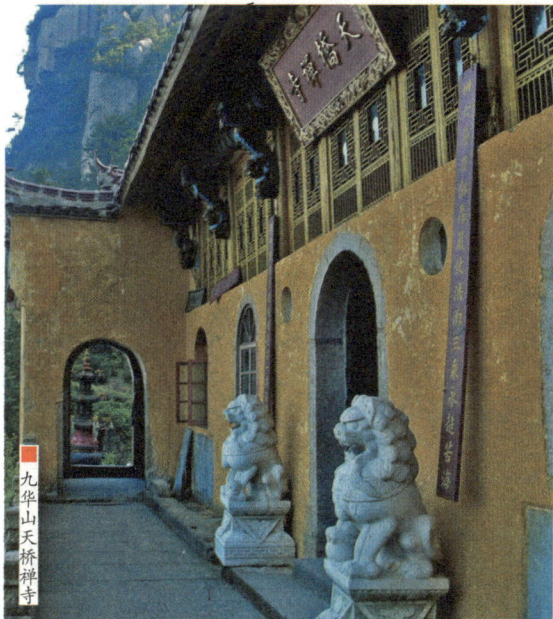

九华山天桥禅寺

此禅关宿，方知山色多"的诗句。寺前路旁有石砌冰纹通花栏杆，可在古木荫下凭栏远眺，一览山色。寺旁有"定心石"，四周翠竹修林，遮天蔽日。

乾隆年间，朝廷赐御书"芬陀普教"，并遣钦差当时的江宁布政使司普福朝山进香，各地方官府也对九华山佛教给予了大力的支持。由于官绅和信徒的捐助，清中叶全山还新建和扩建了众多寺宇。

清代光绪年间，朝廷向九华山甘露寺等寺3次颁赐《龙藏》。再加上绅商及信徒们的竞相捐赠，至清末九华全山有寺庙达150余座，祗园寺、甘露寺、东崖寺、百岁宫四大丛林开始形成。

1898年，月霞法师在翠峰寺举办"华严道场"，进行僧伽教育，开创了我国佛教史上兴办佛学院的先例。

阅读链接

在九华山有一棵千年古松，形如凤凰展翅，被称赞为"天下第一奇松"。

相传在南北朝时候，九华山有位叫小凤的姑娘，生得聪明灵秀。她喜欢画画，尤其喜欢画凤凰，引得天上真凤凰常常落在她的身边不肯离去。久而久之，人们就叫她"凤凰姑娘"。

一天，凤凰姑娘正在通天河边作画，被上山来的县官撞见，县官就想抓走献给皇帝做妃子，以求得升官发财。凤凰姑娘宁死不屈，咬断绑绳纵身跳进道边的万丈深渊。

正在这时，一只金色的大凤凰展翅飞上前去托住凤凰姑娘，驮着她向天外飞去了，并撒下了一粒松子。

第二年，土里长出了一棵青翠的小松树，小松树越长越大，越长越奇特，活像一只美丽的绿色凤凰。人们都说这棵美丽的奇松是凤凰姑娘的化身，故称"凤凰松"。